Sammlung Luchterhand 726

Über dieses Buch: Warum sind es so häufig Bilder der Unterdrückung und Demütigung, die in sexuellen Phantasien von
Frauen auftauchen? Bilder, die dem widersprechen, was
Frauen bewußt leben und erleben wollen, und die dennoch
lustvoll erlebt werden.

Dieser Widerspruch wird nachvollziehbar in den biografi-
schen Erzählungen von jungen Frauen. Gemeinsam mit den
Autorinnen suchen sie nach Erklärungen für das Auftauchen
und die Funktion von Unterwerfungsphantasien. Erfahrungs-
berichte und Selbstdeutungen werden ergänzt durch Hinweise
auf theoretisch-psychoanalytische Erklärungen.

Wer Gespräche und Deutungsvorschläge lesend, mitdisku-
tierend verfolgt, wird spüren, daß offenes Reden über ein
heikles, lange tabuiertes Thema von Angst und Schuldgefühlen
entlasten und Wege öffnen kann zu einer selbstbestimmten
weiblichen Sexualität.

Über die Autorinnen: Constanze Lawrenz und Patricia Orze-
gowski, beide 1958 geboren, haben in Berlin studiert, leben
und arbeiten dort als Psychologinnen.

Inhalt

Wir danken den Frauen, die sich trotz vieler Ängste bereit erklärt haben, mit uns über ihre sexuellen Phantasien und ihre Geschichte zu sprechen.

Wie dieses Buch entstanden ist

»Das sind so demütigende Sachen. Also eine Phantasie, die ich oft habe, ist, daß ich Büroangestellte wäre und mich diese Vorgesetzten oder Chefs halb dazu zwingen oder das einfach fordern, daß ich mit denen schlafe. Und ich mache das dann, aber ich bin natürlich – ich bin so unter Druck…«

Trotz Frauenbewegung und realer Emanzipation bewegen sich weibliche Sexualphantasien häufig in den traditionellen Klischees von Nehmen und Genommen-Werden, von Dominanz und Unterwerfung, sind sie durchsetzt mit masochistischen Bildern. Mit ›masochistisch‹ meinen wir zunächst nicht das lustvolle Erleben von (phantasiertem) Schmerz, sondern eine sexuelle Erregung, die durch Phantasien mit erniedrigenden Inhalten hervorgerufen wird, in denen die Frau stets die Rolle der Abhängigen, Unterdrückten, Ausgelieferten annimmt.

Uns interessiert, warum in der Phantasiewelt von Frauen, die von ihrem Selbstverständnis und ihren Ansprüchen her die Muster dieser Vorstellungen ablehnen und sich im erotischen Zusammensein Gleichberechtigung wünschen, dennoch ähnliche Bilder auftauchen können. Wie erleben Frauen diesen Widerspruch? Mit welcher Haltung begegnen sie dem Bruch zwischen angestrebter (sexueller) Autonomie und Phantasien von Unterwerfung? Worin sehen sie selbst Erklärungen für die Entstehung solcher Phantasien? Uns scheint es notwendig zu sein, die Verknüpfungen zwischen sexuellen Phantasien, individueller Lebensgeschichte und gesellschaftlichen Weiblichkeitsbildern aufzudecken, da nur so ein selbstbewußterer Umgang mit sexuellen Unterwerfungsphantasien und eine schrittweise Auflösung von damit zusammenhängenden sexuellen Problemen von Frauen und entmündigenden Rollenzuschreibungen möglich ist.

Obwohl mittlerweile über alle möglichen sexuellen Fragen auch öffentlich diskutiert wird – erniedrigende Sexualphantasien bleiben weitgehend ausgespart, auch in der Fachliteratur.

Viel Publizität erfährt hingegen der Sadomasochismus. Berichte von Frauen werden veröffentlicht, die sich offensiv zu entsprechenden Phantasien und Neigungen bekennen.[1] Dahinter verschwinden die Probleme solcher Frauen, die sich mit ihren Phantasien im Zwiespalt befinden, die sich nicht zu Spielen und erotischen Inszenierungen von Gewalt, von Herrschaft und Knechtschaft hingezogen fühlen und dennoch Vorstellungen bei sich entdecken, die diesem Beziehungsmuster entsprechen.

Auch in den Diskussionen der Frauenbewegung werden erotische Unterwerfungsphantasien weitgehend ausgeblendet. Da mag zum einen eine Art innerer Zensur eine Rolle spielen, widersprechen derartige Phantasien doch direkt frauenbewegter Moral, zum anderen rationales Kalkül: der vermeintliche Masochismus der Frau ist allzu oft für Rechtfertigungsversuche männlicher Gewalt mißbraucht worden. Auch wir haben lange Zeit gezögert, ob wir weibliche Unterwerfungsphantasien in aller Öffentlichkeit ausbreiten sollten. Unsere Bedenken wurden durch die Anti-Pornographie-Kampagne nicht geringer. Einen Beitrag zur weiteren Legitimierung frauenfeindlicher Darstellungen durch vorgeblich auch ›weibliche‹ Bedürfnisse wollten wir nicht leisten. Dennoch: Auch wenn Frauen durch Pornographie gedemütigt, ausgebeutet und psychisch geschädigt werden, auch wenn sie darin stets das willenlose, gefügige Opfer verkörpern, es sind nicht *nur* Männer, in deren Vorstellungswelt die weibliche Unterwerfung zum erotischen Reiz werden kann. Die Pornographie-Debatte macht es schwerer, das zuzugeben. Öffentliches Reden über Formen der Sexualität kann immer auch gegen Fraueninteressen verwandt werden, zum Beispiel in plumpen Resümees, die masochistische Phantasien als Beweis für eine naturhafte Unterwerfungsbereitschaft oder gar -liebe von Frauen heranziehen.

Derartige Argumentationen übergehen die Gewordenheit und Mehrdeutigkeit dieser Phantasien. Sie verkennen Funktion und Bedeutung der *Phantasie*.

Fest steht, daß sie nicht aus einem Wunsch nach tatsächlich gewaltsamer Unterwerfung oder Mißhandlung hervorgehen.

Vor etwa zehn Jahren machte Nancy Friday *Die sexuellen Phantasien der Frauen* mit ihrem Bestseller publik.[2] Auch in diesem Report finden sich vor allem Phantasien mit einem für die Frau erniedrigenden Muster, obwohl Nancy Friday ihre Sammlung nicht direkt unter diesem Aspekt zusammengestellt hat. Diese Phantasien werden von Friday allerdings nicht wirklich bearbeitet. In ihrer Euphorie über das weibliche Coming-Out verharrt sie in einer einseitig bewundernden Haltung gegenüber der ›exotischen Vielfältigkeit‹ weiblicher Phantasie und übergeht völlig die Selbstzweifel, die diese Bilder in vielen Frauen auslösen. Wir hoffen, hier etwas nachholen zu können.

Bestärkt in unserem Vorhaben wurden wir durch Gespräche mit Freundinnen, durch Selbsterfahrungs- und Frauengruppen, in denen wir immer wieder, meist ratlos, auf die genannten Phantasien zu sprechen kamen. Wir konnten uns nicht erklären, wieso Frauen Vorstellungen als erregend erleben, in deren Bildern die Frau bedrängt wird, mehr oder weniger unfrei zum Lust*objekt* wird.

Schon in den ersten zufällig entstandenen Auseinandersetzungen über die Phantasien stießen wir auf wiederkehrende Zusammenhänge: die (Un)Fähigkeit, Sexualität zu genießen und eigene Bedürfnisse – nicht nur sexuelle – zur Geltung zu bringen, die ersten sexuellen Begegnungen mit Partnern, die Art und Weise, wie sich Vermutungen über Sexualität im Kindesalter herausbildeten, die kindlichen Erfahrungen im Umgang mit Erregungsgefühlen und Onanie, das Erziehungsverhalten der Eltern und die emotionalen Beziehungen zu ihnen. In Gesprächen über Schuldgefühle, sexuelle Ängste, Tabus und Moralpostulate fanden wir erste Erklärungsansätze.

Die sehr weitläufige Vernetzung der Phantasien mit vielen anderen Lebens- und Erfahrungsbereichen zeichnete sich sehr schnell ab, doch fehlte, was das Geflecht hätte durchsichtig machen können. Um erste Vermutungen und Deutungen nicht voreilig mit einem theoretischen Raster zu überziehen, wollten wir sie zunächst mit einem größeren Kreis von Frauen reflektieren. Darum boten wir auf der *Sommeruniversität der Frauen* in

Berlin eine Veranstaltung zu unserem Thema an. Das Interesse war groß, und nach einigen Anfangsschwierigkeiten entstand ein sehr offener Austausch, in dem wiederum deutlich wurde, daß für die wenigsten Frauen der Umgang mit ihren Phantasien etwas Abgeschlossenes, Geklärtes hatte.

»Womit ich Probleme habe«, sagte eine der Frauen, »das sind solche Phantasien von mir, die genau das gesellschaftliche Frauenklischee verkörpern. Das wird überall gegen uns verwendet. Und wenn wir das schon so verinnerlicht haben, daß wir damit leben und es auch gegen uns selbst wenden – dann geht dabei in meinen Augen ein Stück vom Frausein kaputt. Dazu würde ich gerne hören, ob ihr etwas zusammengetragen habt, womit das zusammenhängen kann.«

Mit unserem Buch möchten wir diesem Wunsch nachkommen.

Auf der Veranstaltung wurde, vielleicht auch aus Scheu und Befangenheit, wenig über Bilder, über genauere Inhalte von Unterwerfungsphantasien gesprochen, die Aufmerksamkeit richtete sich auf den Umgang mit ihnen, auf Bewertungen und mögliche Erklärungsansätze ihrer Funktionen und Entstehungshintergründe. Nicht immer war ein roter Faden erkennbar, jedoch wurden sehr vielfältige Sichtweisen zur Einordnung und Beurteilung der Phantasien vorgetragen. Aus diesem Grund haben wir im zweiten Abschnitt des Buches zwei längere Auszüge aus der Diskussion aufgenommen.

Viele Frauen auf der *Sommeruni* und fast alle Frauen, mit denen wir danach Gespräche führten, erleben ihre Phantasien als problematisch, mit negativem Beigeschmack oder gar als Bedrohung der eigenen Integrität. Nur wenige sehen darin eine Erweiterung ihres Lustempfindens oder können sie als eine frei gewählte Form der Lustfindung begreifen. Fast alle suchen nach Erklärungsmöglichkeiten, nach den Wurzeln ihrer sexuellen Vorstellungen, um sich ihnen selbstsicherer stellen zu können.

Der Ausgangspunkt für dieses Buch sind acht Gespräche mit Frauen, die über ihre Phantasien berichten. Wir haben mit den Frauen nach biographischen Hinweisen gesucht, die über die

Entstehung masochistischer Phantasien Aufschluß geben könnten. Im zweiten Teil des Buches wenden wir uns einer allgemeineren Betrachtung zu, angelehnt an die Problemkomplexe, die in der *Sommeruni* zur Sprache kamen: Umgang mit den Phantasien; Funktionen und Mechanismen masochistischer Phantasieprodukte; Ursachen und Bedingungen solcher Phantasieentwicklung.

Im letzten Abschnitt des Buches erläutern wir theoretische Konzepte zur Erklärung masochistischer Phantasietätigkeit. Dabei beziehen wir uns in erster Linie auf psychoanalytische Denkmodelle.

Zeitströmungen

In den letzten zwei Jahrzehnten kristallisierten sich verschiedene, teils gegenläufige Tendenzen des sexuellen Verhaltens heraus, was zu sehr unterschiedlichen Haltungen gegenüber Aspekten von Gewalt, Macht- und Unterwerfungsritualen in sexuellen Begegnungen führte.

Nachdem in den 70er Jahren viele in der Frauenbewegung das Loblied sexueller Zärtlichkeit angestimmt hatten, alle der Sexualität innewohnenden gewalttätigen Elemente dagegen als sexistisch gebrandmarkt und als weiblichem Begehren fremd deklariert wurden, schlug in den Endsiebzigern das Pendel zurück: die absolute Tabulosigkeit, das ›Hier-und-Jetzt-Prinzip‹ wurden entdeckt. Alle durch Kultur und Erziehung erlittenen Verstümmelungen sollten vergessen, jede Bindung an Konvention oder einzwängende Treuegelübde über Bord geworfen werden. Während vordem sadomasochistische Phantasien entweder als Relikt gesellschaftlicher Beschädigungen interpretiert oder rigoros verleugnet wurden, galt es nun, sich den eigenen Phantasien und Gelüsten unzensiert hinzugeben, was immer sich darin verbergen mochte. Jenseits von ›Kopflastigkeit‹ und ›unsinnlichem Gerede‹ sollten sich Lust und sexuelle Begierden ungehindert entfalten und ausgelebt werden können. In Encounter-Gruppen wurde geschrien, geheult, gevögelt und vergewaltigt – alles unter dem Stichwort der Befreiung. Theorie und Rationalität wurden zum Feind der Lust erklärt, die Polarität von Kopf und Bauch entdeckt.

Anfang der 80er Jahre wurde eine abermals ›neue Sinnlichkeit‹ geboren, eine entfesselte Welt der Gefühle, des Rausches und der Ekstase, begleitet von abgründiger Leidenschaft und wiederentdeckter unversöhnlicher Geschlechterdualität. In der Resonanz auf Sauras *Carmen*-Verfilmung fand dieses neue Verständnis von Sexualität und Liebe weiten Widerhall. Eine regelrechte Carmen-Euphorie brach aus, von Männern wie Frauen gleichermaßen getragen. Man/frau schien der partnerschaftlichen Verhältnisse, in denen sich offenbar Langeweile auszubreiten begann, überdrüssig und verfiel in sehnsüchtiges Schwelgen angesichts dieser tragischen Liebesgeschichte, die aufgrund der ›rätselhaften Andersartigkeit‹ der Geschlechter nahezu zwangsläufig in einen unerbittlichen, am Ende tödlichen Kampf ausarten mußte. Sehen wir diesen Film als eine Art kollektiver erotischer Phantasie, so verdeutlicht er, an welchem Punkt die Auseinandersetzung um phantasierte sexuelle Gewalt stagnierte. Denn die wenigsten stellten sich die Frage, warum die getanzten Metaphern von Eroberung und Unterwerfung sie in derartige Faszination versetzen konnten.

Die Diskussionen der 60er Jahre wollten Sexualität ihrer mystischen Verklärung entheben, sie als gesellschaftliches Produkt begreifen, als Resultat einer bestimmten sozialen und politischen Ordnung. Der Diskurs Anfang der 80er Jahre bejahte, fast rückhaltlos, jegliche sexuelle Verhaltensform, reale wie phantasierte. Hervorgetan haben sich dabei einige Autoren des Sammelbandes *Mein heimliches Auge*, die bedenkenlos oder gar stolz ihre Peep-Show- und Pornographie-Begeisterung bekundeten und anschaulich ausmalten.[3] Die Frage nach der Bewertung und Entstehung dieser Phänomene wurde ausgeklammert, als moralisch-spießig geahndet.

Wie immer man oder frau zu solchen Pendelbewegungen des ›erotischen Zeitgeistes‹ stehen mag – die stete Wiederkehr vor allem masochistischer Vorstellungen deutet darauf hin, daß keine der öffentlich propagierten Haltungen tatsächlich zu einem auch nur gelösteren Umgang mit sexuellen Phantasien geführt hat.

Die ersten Publikationen von Frauen zu unserer Fragestellung fanden wir in zwei 1977 erschienenen EMMA-Heften.[4] Die Redakteurinnen wiesen daraufhin, daß noch nie die Flut der Leserbriefe so immens, die Reaktionen so heftig gewesen seien, wie zum Thema masochistischer Sexualphantasien. Das, was dort zu lesen war, deckt sich mit unseren Erfahrungen.

Bald darauf erschien Nancy Fridays Buch. Sie hatte in großem Umfang in den USA über Zeitschriften und Annoncen um Schilderungen weiblicher Sexualphantasien gebeten. Obwohl sie ihren Aufruf unter keine thematische Eingrenzung stellte, bleiben die gesammelten Phantasien größtenteils in den Rastern von Unterwerfung, Auslieferung und Demütigung gefangen. Und die Autorin ist in amerikanisch-bejahender Manier fasziniert von den »einzigartigen und verblüffenden Details« der ihr zugesandten Schilderungen, sie bestärkt die Frauen darin, daß ihre Ausschmückungen »fabelhaft und köstlich« seien[5], versteigt sich gar in die Idee eines Phantasie-Bordells für Frauen mit abgetrennten Räumen für Vergewaltigungsträumerinnen, Masochistinnen und anderen Spezialabteilungen.[6]

Sicher ist die Einbeziehung solcher Phantasien in eine öffentliche Diskussion, die Befreiung von verurteilender Moral ein notwendiger Schritt; eine blinde Bejahung aller Phantasieabkömmlinge übergeht jedoch die Behinderung, die diese Phantasien für eine sexuelle Identitätsfindung darstellen. Unabhängig von den verwendeten Bildern sieht Friday in allen Phantasien ein Zeichen weiblicher Kreativität, neu gewonnener sexueller Freiheit und des Aufbegehrens gegen die lange weibliche Unterdrückungsgeschichte: Welche Rolle die Frau auch einnimmt, »ob nun beherrschend oder beherrscht, die jahrhundertelange Unterdrückung der Frau wird wenigstens in der Phantasie gerächt werden.«[7] Es ist uns unverständlich und nicht allein durch kulturelle Unterschiede zu erklären, wie Friday mit derartig ignoranter Konsequenz den Vorgang der Erniedrigung in den meisten Phantasien außer acht lassen konnte, darin nichts Befremdliches, Bedrohliches sieht.

Ähnlich kurzsichtige Tendenzen und Auffassungen werden auch heute von solchen Autorinnen und Feministinnen in Deutschland vertreten, die beispielsweise pornographische Bilder von Frauen oder weiblichen Körperteilen als eine »Spiegelung ihrer Zeige- und Schaulust«[8] verteidigen, peinliche Fotos und Texte »monströser, grausamer und obszöner Frauen«[9] als deren eigene Sexualität deklarieren, die sich endlich selbstbewußt und offensiv präsentiere. Wir wollen keine Frau denunzieren, die sich zu pornographischen oder sadomasochistischen Vorlieben bekennt. Aber der Anspruch, allein durch diese Normüberschreitung einen »aufklärerischen Beitrag«[9] zu leisten, ist naiv, ein pseudo-intellektueller Legitimierungsversuch. Das betont provozierte Verletzen des »bürgerlichen Scham- und Sittlichkeitsempfindens«[11] erinnert fatal an die Doppelmoral sonstiger Pornographie, die fester Bestandteil bürgerlicher Ordnung ist; Tabuverletzung stellt für sich allein noch keine neue, sprengende Kraft dar. Das geschnürte Leder der »obszönen Frauen« verkörpert genau das sexuelle Korsett, das Krista Beinstein und Monika Treut bekämpfen wollen. »Frauen hatten nie ihre eigene Pornographie. Ich denke, das ist ein Verbrechen. Unsere Sexualität ist uns gestohlen worden«, schreibt Monika Treut. Wir vermögen nicht zu erkennen, worin sich in den von ihr und Krista Bernstein präsentierten Bildern und Texten etwas den *Frauen Eigenes* verbergen soll: Es sei denn, sie bezeichneten die *deformierte* weibliche Psyche als dies Eigene.

Anmerkungen

1 Vgl. Maria Marcus, Die furchtbare Wahrheit. Frauen und Masochismus, Reinbek 1987.
2 Nancy Friday, Die sexuellen Phantasien der Frauen, Hamburg 1980.
3 Claudia Gehrke (Hrsg.), Mein Heimliches Auge, Tübingen, 1982, S. 100 und S. 136/37.
4 Unsere masochistischen Sexphantasien, in: Emma Sept. 1977, S. 6–13; und: Unsere Sex-Phantasien, a. a. O., Nov. 1977, S. 16–19.

5 Nancy Friday, a. a. O., S. 89, S. 242.
6 Ebd., S. 90, S. 109.
7 Ebd., S. 117.
8 Claudia Gehrke, Mein Heimliches Auge II, Tübingen 1985, S. 8–14.
9 Monika Treut, Perverse Bilder, in: Krista Beinstein, Obszöne Frauen, Wien 1986, S. 5.
10 Ebd., S. 8.
11 Ebd., S. 9.
12 Ebd., S. 12.

1
Gespräche mit Frauen über ihre sexuellen Phantasien

Wir fanden unsere Gesprächspartnerinnen im Kreis unserer Freundinnen und Bekannten und unter Teilnehmerinnen der *Sommeruniversität der Frauen.*

Unser Buch erhebt also keinerlei repräsentative Ansprüche. In informellen Vorgesprächen stellten wir unser Thema kurz dar, um zu erfragen, ob die Frauen selbst sexuelle Phantasien mit tendenziell masochistischem Charakter hatten oder noch haben. Mit Frauen, die dies verneinten (und denen solche Vorstellungen oft auch sehr befremdlich erschienen) haben wir in unsere Gespräche nicht miteinbezogen.

Sieben Gespräche haben wir in das Buch aufgenommen, das Alter unserer Gesprächspartnerinnen lag zwischen 21 und 32 Jahren. Wir verwendeten keine stringente Gesprächsform, auch war nicht jeder Schritt bis ins Detail geplant. Unserer Meinung nach war dieses Vorgehen unserem Ziel am entsprechendsten: Spuren zu finden, die den Phantasien zugrunde liegen, Wege im ›Dickicht der Erfahrungen‹ anzulegen, um eine Struktur und Zusammenhänge sichtbar zu machen, von denen weibliche Sexualität und sexuelle Phantasien beeinflußt werden können.

Alle Namen wurden geändert. Hervorhebungen (hier: *kursiv*) kennzeichnen von Frauen besonders Betontes. Teilweise wurden die wiedergegebenen Gespräche von uns gekürzt und auf sanfte Art – im Interesse der Lesbarkeit – redaktionell bearbeitet, wobei wir uns bemüht haben, den Sinngehalt nicht zu verändern.

Anne: »Irgendwann stellte ich mir auch Vergewaltigungsszenen vor«.

»Könntest du deine Eltern charakterisieren – allgemein und in bezug auf Sexualität?«

Anne: »Mein Vater ist sehr autoritär und teilweise sogar cholerisch, wenn er einmal ja oder nein gesagt hat, bleibt es auch dabei, da gibt es kein Zurück. Meine Mutter ist mehr die Ausgleichende, die sich niemals zu einer ganz klaren Entscheidung durchringen kann, schnell umzustimmen ist und ihre Bedürfnisse auch nicht richtig ausdrücken kann oder will – sie ist immer ein bißchen opportunistisch und konnte eigentlich nie ihr Leben leben.

Im Umgang mit Sexualität waren meine Eltern sehr erstaunlich, sie haben sich Mühe gegeben, haben sich zum Beispiel immer nackt gezeigt, und wir konnten zu ihnen ins Bett gehen. Ich wußte von klein auf, wie sie nackt aussahen; das war kein Problem.

Meine Mutter hat mich mit zehn Jahren aufgeklärt, zwar alles etwas lehrerinnenhaft und steif, aber trotzdem.«

»Hast du dich getraut, ihnen auch von Dir aus Fragen über Sexualität zu stellen, oder war das mit der offiziellen Aufklärung abgegolten?«

Anne: »Ich habe meine Eltern zum Beispiel auch gefragt, wie oft sie zusammen schlafen. Das war schon etwas peinlich; sie haben rumgedruckst und gegrinst, aber geantwortet. Direkt mitbekommen, daß sie zusammen schlafen, habe ich nie. Aber mein Vater hat viel mit Mutter geschmust oder auch ihren Busen gestreichelt und über ihren Hintern gefaßt – also sie körperlich gern gehabt und eigentlich nie einen Hehl draus gemacht. Bei meiner Mutter spürte man, daß sie das ganz gern hatte, so als Frau gemocht zu werden. Also, sie waren beide nicht lustfeindlich. Moralisch schon: die Frau sollte sich eben nichts vergeben, den Mann natürlich *aussuchen* und möglichst heiraten – das schon.

Meistens habe ich mit meinen Freundinnen bekakelt, was ich wissen wollte. Oder wir haben uns in Kinderspielen selbst untersucht, haben Arztspiele gemacht oder so getan, als ob wir uns liebten. Meine Freundin hat dann den Mann gespielt, aber wie es genau vor sich ging, wußten wir noch nicht. Ich sah ja auch den Pimmel von meinem Bruder und meinem Vater immer nur so schlaff runterhängen; ich konnte mir nie vorstellen, wie das funktionieren sollte.«

»Weißt du noch, ob du als Kind onaniert hast?«

Anne: »Ja, und zwar ziemlich früh. Wir mußten immer einen Mittagsschlaf machen, das habe ich eigentlich nie gemocht. Als ich dann das Onanieren entdeckt habe, das war total verrückt: Ich sollte meinen Mittagsschlaf machen, und dann habe ich so an meiner Klitoris rumgespielt. Und plötzlich kam das wie ein Gewitter über mich, so *unverhofft*, und das war *so* toll und überraschend. Danach fing ich plötzlich an, ganz häufig mittags zu schlafen. Das muß so mit fünf gewesen sein. Ich wußte nicht, *was* es war. Ich merkte nur igendwann, daß auch die ganzen Spiele, die ich mit meiner Freundin spielte – das haben wir natürlich immer mit zugeschlossener Tür gemacht –, irgendwie nicht okay waren. Ein Spiel war »Uns-Verhauen«, eine hat den Vater gespielt, der die andere verhaut – auf den nackten Po haben wir uns gegenseitig geschlagen, natürlich nur so halb. Aber dabei empfand ich Lust, das weiß ich noch. Jedenfalls – als ich dann richtig onaniert habe, habe ich schon dafür gesorgt, daß niemand das sah. Irgendwann hat meine Mutter dann mal übers Onanieren gesagt: Oh, das darf man nicht machen, das ist *wahnsinnig* anstrengend. Da würde man bei kaputtgehen, so anstrengend wär' das. Und da guckte ich sie so halb zweifelnd an – da war ich so sieben oder acht –, auf alle Fälle hab' ich mir gedacht: Das, was ich mache, das ist ja nicht anstrengend, dann wird's das wohl nicht sein. Den Schuh habe ich mir nicht angezogen. Obwohl ich abergläubisch war. Ich dachte zum Beispiel: Wenn ich das jetzt mache, dann passiert bestimmt, daß ich in der Schule eine Fünf schreibe, solche Sachen. Daß Onanieren mit was Schlechtem gekoppelt war. Ich war häufiger abergläubisch, bis ich mal im Radio eine

Sendung über Aberglauben hörte und danach beschlossen habe, daß das alles Unsinn ist. Dann war die Onanie ziemlich frei von Ängsten.«

»Hast du von dir aus deine Mutter mal darüber befragt, über das, was Du da machst und Dein Gefühl dabei?«

Anne: »Oh, nein, nein. Das hätte ich *nie* gefragt. Das war eine Sache für mich, und die war schön, und ich wußte, daß es irgend etwas mit Liebe zu tun hat. Irgendwann aber habe ich auch gedacht: Ach, wenn das schon das ›Richtige‹ ist, das wäre aber arg dumm, dann wüßte ich ja schon alles, das wäre ja langweilig. Das wollte ich gar nicht. Ich habe gedacht: Scheiße, da muß eigentlich noch mehr kommen. Aber mit meiner Mutter darüber reden wollte ich nicht. Es war etwas Tabuisiertes, darüber sprachen wir dann nicht.«

»Aber du wußtest nicht, was genau tabuisiert war?«

Anne: »Nein, das wußte ich nicht genau. Durch den Kontakt zu meinem Bruder gab es auch viele Sachen, die heimlich und mit Kichern nachts abliefen, vor dem Einschlafen. Und es war ganz klar, daß man davon nicht vor der Mutter sprach. Mein Bruder sagte auch mal: Komm', wir spielen jetzt du bist die Sparbüchse, und ich steck' da 'n Fünfmarkschein rein. In der Badewanne. Das war mir aber zu blöd; das war mir unangenehm.«

»Hast du öfter solche Spiele mit deinem Bruder gespielt?«

Anne: »Ja, schon häufiger. Wir haben uns auch ziemlich früh voreinander gebrüstet. Er hat seinen Pimmel gezeigt und gesagt: Der richtet sich dann auf. Das konnte ich mir gar nicht vorstellen. Ich wollte aber auch nicht zurückstecken und habe geantwortet: Aber bei mir richten sich die Brustwarzen auf. Das stimmte überhaupt nicht. Ich wußte auch gar nicht, ob das sein kann, da war ich erst unsicher. Aber ich merkte, wie ihn das total fasziniert hat, so daß er fragte: Ja, wirklich? Das will ich aber sehen. Damit haben wir uns aufgespielt und das ausgereizt.«

»Wann hast du das erste Mal mit einem Jungen geschlafen?«

Anne: »Oh, spät, mit 18 war das. Und ich *wollte* es doch

immer so gerne. Ich hatte solche Sehnsüchte, so etwa ab dem zwölften Lebensjahr, ich konnte es mir vorstellen, und ich habe es mir so gewünscht – aber ich hatte auch totale Ängste.«

»Kamen die Wünsche von dir oder waren sie auch vermittelt über deine Freundinnen?«

Anne: »Von mir. Das wagte ich meinen Freundinnen gar nicht zu erzählen, daß ich diese Wünsche hatte. – Damals habe ich angefangen, Tagebuch zu schreiben, mit 13, als ich im Krankenhaus lag. Und in diesem Tagebuch – mein Gott, da bricht mir der Schweiß aus, wenn ich das jetzt lese. Da sind diese Wünsche *so* genau beschrieben, in den schillerndsten Farben, in den romantischsten und sehnsüchtigsten Ausdrücken. Es ist unbeschreiblich.«

»Einen Freund zu haben oder mit einem Freund zu schlafen?«

Anne: »Mit 'nem Freund zu schlafen. Ja, auch schon einen zu haben. Ich glaube, es war sogar so, daß ich es mir nur mit einem langjährigen Freund oder mit einem Mann, so richtig mit Ehe, vorstellen konnte – moralische Sachen waren da auch drin. Aber eben auch die Sehnsucht, über die Sexualität das Glück zu finden – und die totale Erfüllung.«

»Und warum hast du so lange gewartet?«

Anne: »Gewartet? Ich habe ja auch Angst gehabt. Einerseits wollte ich das gerne, andererseits hatte ich dann doch Angst vor der Zärtlichkeit, es war mir auch unheimlich, was da passiert. Und deswegen war ich so überfrech zu den Jungen, manchmal habe ich denen Ohrfeigen gegeben, obwohl ich sie lieber geküßt hätte. Ich wußte auch nicht, wie man es angeht. Die ersten Küsse kamen dann auf einer Party mit 13. Mit 14 war ich auf der Schule in einen Typ verliebt, wir haben uns geküßt, und der Kuß brannte dann mehrere Stunden auf den Lippen. Ich konnte mir aber nicht vorstellen, mit dem zu schlafen. Da waren eine Menge moralischer Schranken. Und auch die Angst vor einem Kind; denn wo ich die Pille herkriegen sollte, das wußte ich damals überhaupt nicht. Außerdem hatte ich viel von meinem Bruder mitgekriegt, wie er mit den Frauen rumbumste und rumschlief und die total benutzt hat.

Und vor allen Dingen wie er, nachdem er mit einer Frau geschlafen hatte, am nächsten Tag über sie geredet hat. Wie über ein Stück Dreck. Und so eine wollte ich nicht sein. Für mich galt: Schlafen tu ich mit einem Jungen nur, wenn wir so quasi verheiratet sind. Als ich dann später einen richtigen Freund hatte, den Dietmar, hat es über ein Vierteljahr gedauert, bis ich mit ihm geschlafen habe. Und meine Mutter hat diese Liebe dann in den Dreck gezogen, indem sie genauso darüber geredet hat wie über die Beziehungen meines Bruders.«

»Wie war dieses ›erste Mal‹?«

Anne: »Das wollte ich dann. Nach einigem Zögern und Hin und Her ging dann alles von mir aus. Das war gut, tat auch nicht weh. Und hinterher hatte ich das Gefühl: Ah, jetzt bin ich eine Frau. Das war, glaube ich, eine Erleichterung für mich, daß ich das gemacht hatte, und ich fühlte mich auch gut danach.«

»Fühltest du dich unter Druck, es jetzt endlich auch einmal zu probieren?«

Anne: »Den Druck hatte ich eigentlich früher. Ich war zwei Jahre im Mädchengymnasium, und da gab es eine richtige Hierarchie, wer mit welchem Jungen geschlafen hatte, und wer nicht. Alle saßen auf Heizungen herum und spielten sich auf, nach dem Motto: Oh, hoffentlich krieg' ich die Tage! Ich dachte: Ich bin hier unter völligen Idioten. Ich habe das nicht auf die Reihe gekriegt. Ich fühlte mich davon total abgestoßen, weil ich nicht mitreden konnte und auch nicht wollte. Das war wieder so eine Sexualität, wie es nicht meine war, eher die Schmutzrichtung von meinem Bruder, wie darüber geredet wurde, so gemein.«

»Hast du einen Orgasmus erlebt?«

Anne: »Ich hatte mir das schon vorgestellt, daß, wenn man richtig zusammen schläft, man auch *den* Orgasmus bekommt. Aber so einen Orgasmus, wie ich ihn beim Onanieren oder bei der Berührung mit der Klitoris habe, habe ich beim Zusammen-Schlafen ganz einfach nie. Und das war erst eine herbe Enttäuschung, weil ich dachte: So, jetzt kommt eben *das* Superding, wie aus Filmen – schmelz, zack, blimm, tirilia, alles blinkt und so. Das war nicht der Fall. Das fand ich schon schade. Aber insgesamt war die Sexualität mit Dietmar in der ersten Zeit schon befriedigend für mich, und ich fand auch das Zusammen-Schlafen erregend.«

»Hast du mit ihm über eure Sexualität geredet?«

Anne: »Mit ihm geredet habe ich eigentlich nicht. Ich habe von ihm immer alles stumm gelernt; er war mein großer Lehrmeister. Und ich konnte meine Bedürfnisse auch gar nicht äußern, die kannte ich ja selber wenig. Außer eben beim Onanieren. So habe ich mich immer voll auf ihn verlassen, weil er schon mit Frauen geschlafen hatte und wußte, wie es geht. Deshalb habe ich mich da eigentlich nicht selbst entdeckt.«

»Heißt das auch, daß du mehr passiv warst?«

Anne: Ja, ja genau. Er hat mir alle möglichen Stellungen beigebracht, war da total ehrgeizig; also auch möglichst lange zusammen zu schlafen, so, was weiß ich, anderthalb Stunden. Mir hat das überhaupt keinen Spaß gebracht. Das war dann manchmal eine totale Turnübung für mich. Ich mochte es aber nicht sagen. Damals wurde auch in der Linken richtig damit geprahlt, wer am längsten konnte. Das kam immer vor. Ich habe auch häufiger onaniert in unserer Beziehung, heimlich, wenn Dietmar geschlafen hat. Das mochte ich ihm nicht zeigen, daß er mich nicht befriedigt hat. Manchmal hatte ich es auch lieber, wenn ich's mir selber machte.

Später war unsere Beziehung ganz schön gestört, und ich hatte oft keine Lust mehr, mit ihm zu schlafen; ich habe dann gesehen, daß ich ihn manuell befriedigte und mich hinterher. Meist, wenn er geschlafen hat.«

»Du hast es dann ihm zuliebe gemacht?«

Anne: »Ja, ihm zuliebe. Ich hatte keinen Spaß daran. Und zu Anfang hat man es auch mal mit dem Mund gemacht. Aber das kann ich nur bei jemandem, den ich wirklich arg gerne habe, in den ich verliebt bin, sonst kann ich das nicht. Das galt auch viel, damals. Es galt, keine Tabus zu haben und so quasi alles zu machen.«

»Experimentierfreudig.«

Anne: »Ja, alte 68er. Und Revolution auf jedem Gebiet.

Egal, ob man sich nun dabei vergewaltigt oder nicht. Na ja, bis die Beziehung natürlich irgendwann... Ich hatte überhaupt keine Lust mehr, mit ihm zu schlafen, wurde langsam frigide; bis ich endlich den Mut aufgebracht habe, mit einem anderen Mann zu schlafen.«

»Hast du mit anderen Frauen darüber geredet?«

Anne: »Viel später. Das hat dazu geführt, daß ich die Beziehung zu Dietmar beenden konnte. Es ging so weit, daß ich Todeswünsche gegen ihn bekam, daß ich mir wünschte, er würde sterben, weil ich nicht fähig war, die Beziehung zu ändern. Ich konnte ihm das alles auch nicht sagen, weil ich das Gefühl hatte: Das kannst du nicht sagen, das ist zu peinlich, du hast zu lange geschwiegen, und du machst ihn zu sehr kaputt. Ich sah den Fehler immer bei mir, so von wegen frigide sein. Irgendwann begann die Frauenbewegung. Und die wurde mir von Dietmar sozusagen verboten, die sei für alle anderen Frauen gut, aber nicht für mich. Er spürte, was da kam. Er wollte dann gerne, weil er ja auch merkte, daß ich keine Lust mehr hatte, daß wir in Sexualität so'n Kurs machten, üben, weißt du, nach diesem Masters-Johnson-Modell. Ich habe mich immer dagegen gewehrt, Gott sei Dank!

Dann kam mir dieses Buch von der Alice Schwarzer in die Hände: *Der kleine Unterschied.* Das habe ich gelesen, und dabei wurde mir klar, daß ich nicht allein bin. Damit kam alles ins Rollen: Ich sprach mit anderen Frauen, wagte mehr, habe mit anderen Männern geschlafen. Ein Jahr hat es ungefähr gedauert, bis ich mich schließlich getrennt habe von Dietmar.«

»Und wie war das mit den anderen Männern?«

Anne: »Toll! Das war schön, da habe ich mich wieder gespürt, es war *fröhlich*, es war nach Lust und nicht nach, was weiß ich, möglichst ›Im Kopfstand unter der Dusche‹ – oh, diese Ansprüche... Dietmar und ich, wir waren so voller politischer Ansprüche, im Bett und im Leben und überall, und gefühlsmäßig war eigentlich nichts.«

»Kamen die Ansprüche mehr von Dietmar oder auch von dir?«

Anne: »Ich habe sie ihm nachgesprochen, selber habe ich sie nicht gehabt. Ich war ja von der CDU sehr schnell zum KB übergewechselt, das konnte natürlich nicht so reibungslos gehen.«

»Hat sich denn für dich deine Rolle verändert? Konntest du aktiv werden und eigene Wünsche äußern?«

Anne: »Ja. Aktiv-Sein begann erstmal damit, daß ich gesagt habe: Ich will mein eigenes *Bett*. Und schon damit kam er überhaupt nicht klar.«

»Und mit anderen Männern, bist du auch aktiver geworden?«

Anne: »Ja. Da hab' ich dann viel, was ich sozusagen von Dietmar gelernt habe, ausprobiert – mit diesem technischen Wissen versucht herauszufinden, was mir Spaß bringt und was nicht. Und dabei hat mir *vieles* Spaß gebracht! Da war ich wieder *verliebt* und habe meinen Körper gespürt, es war einfach toll. Das waren schöne Sachen, daß ich auch mal zeigen konnte, wie ich's gern hätte, daß er mich befriedigt. Heute, wenn ich jemand gern habe, kann ich das schon ganz gut: auf ihn zugehen, so richtungsweisend zumindest, auch mal die Führung übernehmen. Ich kann auch die Aktive sein, ich *möchte* beide Rollen.

Manchmal kann ich mir selber gar nicht mehr vorstellen, daß ich so viel mitgemacht habe, daß ich mit dem gepennt habe, obwohl ich es nicht *wollte*, und nichts *gesagt* habe... Das kann ich mir jetzt alles gar nicht mehr vorstellen; aber es war so, ich *weiß* es ganz genau. Verrückt.«

»Du hast erzählt, daß du mit etwa vier, fünf Jahren angefangen hast zu onanieren. Hast du da schon Phantasien gehabt?«

Anne: »Zu Anfang, als die Erregung so überraschend kam, habe ich mir nichts vorgestellt. Später waren meine Phantasien ganz häufig von Büchern angestachelt, alles, was ich über Liebe gelesen und gesehen habe, habe ich in meine Phantasien eingebaut und ausgemalt. – Ich erinnere mich an einen wahnsinnig schönen Traum. Ich bin früher gern geritten, als Kind. Jedenfalls bin ich auch im Traum geritten, und es war *so* nah und so toll und so schön, ich spürte den Körper von dem Pferd, und ich spürte, wie ich darauf saß. Und als ich plötzlich aufwachte, habe ich geweint. Da war die *totale* Trauer, daß es jetzt nicht Wirklichkeit war. – Reiten ist ja auch etwas sehr Sexuelles. Mit 13 Jahren beschreibe ich auch in meinem Tagebuch so heiße, abstruse Phantasien: Wie ich mir vorstelle, mit einem Mann zu schlafen, obwohl ich das ja noch nie erlebt hatte. Ich stellte mir vor, daß ich eigentlich nie so richtig befriedigt werden könnte; ich wollte das auch gar nicht, ich wollte immer dieses Verlangen haben und immer zusammen schlafen. Ein Dauerzusammensein sozusagen, wo nie eine Erschlaffung passiert; am liebsten immer ineinander. Um diesen Punkt bildeten sich viele Phantasien bei mir. Wenn meinetwegen meine Vagina irrsinnig lang wäre, und daß nie ein richtiger Orgasmus – so stellte ich mir das vor – zustande kommen könnte, daß dadurch das Zusammen-Schlafen ewig wird.

Ich glaube, die waren sehr unterschiedlich, die Wunschvorstellungen, bevor ich mit einem Mann geschlafen habe und die danach. Dann wurden sie nämlich ganz schön anders. [Leise] Irgendwann stellte ich mir dann eben auch Vergewaltigungsszenen vor. Oder ich fand es aufregend, wenn ich etwas von Vergewaltigung las. Es war etwas Schreckliches, aber ich empfand dabei Lust. Oder ich habe mal so abstruse Geschichten über Sklavenhandel gehört: Ein Mann sucht seine Sklavinnen so aus, daß jede Frau ihm ihren blanken Hintern zeigt, und er kann dann wahllos überall mal seinen Pimmel reinstecken. Solche Sachen tauchten dann auf.«

»Warst du in den Phantasien Zuschauerin, oder hast du dich mit den jeweiligen Frauen identifiziert?«

Anne: »Ich war eigentlich immer Zuschauerin, ich bin nie selber vergewaltigt worden in den Phantasien. Ich habe auch viel zuviel Angst erlebt in realen Situationen, in der U-Bahn oder im Dunkeln auf dem Weg nach Hause. Ich kann mir nicht vorstellen, daß ich das als lustvoll erleben könnte.«

»Und bei den Erniedrigungsphantasien, zum Beispiel der mit den Sklavinnen, warst du da auch nur Zuschauerin?«

Anne: »Das fand ich gar nicht erniedrigend. Wie heute die Männer häufig das schönste Gesicht auswählen, so haben sie da den schönsten Hintern ausgesucht. Ich finde das auch heute noch nicht erniedrigend, witzigerweise, wenn ich an diesen Film denke, den ich in mir ablaufen ließ. Die Frauen hatten eigentlich auch ihre Lust daran. Oder *ich* habe Lust empfunden, wahrscheinlich stellvertretend für die Frauen. Sie machten im Traum aber auch nicht den Eindruck, als wären sie gepeinigt. Offiziell wären heute ja alle empört. Aber in meinen Vorstellungen war es nie erniedrigend. Ich habe mir auch nie traurige Gesichter bei den Frauen oder gequälte Menschen vorgestellt.«

»Aber wenn du genau hinschaust, ist es ja eine klare Rollenverteilung: der Herrscher und seine Sklavinnen.«

Anne: »Ja, stimmt. Für mich war es eher so eine Art Gruppensex, ein Mann mit vielen Frauen.

In letzter Zeit sind die Phantasien wieder viel lustvoller geworden. Ich denke, daß diese Vergewaltigungsphantasien ganz stark mit Dietmar, bzw. mit unserer Beziehung, zusammenhingen; die haben mich auch ganz schön erschreckt. Vorher waren meine Phantasien so geistreich und witzig, Gruppensex war viel dabei. Noch schlimmer fand ich aber die Todeswünsche, die ich damals gegen Dietmar hatte: daß er stirbt und ich als Witwe trauern kann, ohne ein schlechtes Gewissen haben zu müssen.«

»Hast du diese Vergewaltigungsphantasien beim Onanieren benutzt oder wenn du mit Dietmar geschlafen hast?«

Anne: »Beides. Mit Dietmar, wenn ich Lust empfinden wollte mit ihm zusammen. Obwohl ich das meist über mich habe ergehen lassen und gar keine Anstrengungen mehr gemacht. Doch, manchmal schon – und dann habe ich mir sonstwas vorgestellt, weil es mir unangenehm war, daß ich halt nie mehr feucht wurde.«

»Hattest du dann Vergewaltigungs- oder auch schöne Phantasien?«

Anne: »Mit Dietmar habe ich mir häufig so Gruppensexsachen vorgestellt. Vergewaltigungsphantasien habe ich mehr beim Onanieren gehabt. – Mensch, das ist schon so weit weg, so dünne geworden... Ich fand die Phantasien schon merkwürdig, nicht in Ordnung. Das wagte ich auch niemandem zu sagen, auch keiner Frau. Bevor das nicht thematisiert worden ist, habe ich es ganz für mich behalten.«

»Gerade als frauenbewegte Frau darf man das nicht haben.«

Anne: »Ja, das stimmt. Wir haben auch in der Frauengruppe nie darüber gesprochen.«

»Hast du dir die Vergewaltigungsphantasien verboten?«

Anne: »Verboten nicht. Sie ließen sich gar nicht verbieten. [*Pause*]. Das ging gar nicht. Es war aber auch das härteste Mittel. Ich glaube, ich habe versucht, mit anderen Sachen auszukommen, möglichst ohne Vergewaltigung. Das ließ sich nun mal nicht immer so machen. Häufig sind die Phantasien gesprungen. Mit dem einen Thema hat es angefangen, dann war das irgendwie nicht ausreichend genug, ich kam nicht richtig in Gang, und dann sprang das so von einem zum andern, was mir so einfiel. Meistens wurden es immer härtere Sachen.«

»Wie hast du dich bei den Vergewaltigungsphantasien gefühlt?«

Anne: »Ich hatte manchmal so ein ähnliches Gefühl wie bei der Onanie als Kind, als ich nicht genau wußte, was das eigentlich war, aber merkte, daß es nicht ganz in Ordnung war. Schuldgefühle hatte ich eigentlich nicht. Die kamen erst später, bei den Todeswünschen. Bei den Phantasien habe ich mir auch so meinen Vers hingedreht: Na ja, wird wohl alles nicht so ganz in Ordnung sein. Aber mir nicht großartig den Kopf darüber zerbrochen. Das habe ich ganz gut verdrängt. Vor allen Dingen, wenn ich mir mehr Gedanken gemacht hätte, hätte ich wahrscheinlich irgendwann auf die Beziehung kommen und Konsequenzen ziehen müssen. Und das habe ich ja alles immer weggedrängt.«

»Weißt du noch, wann die Phantasien angefangen haben?«

Anne: »Nicht genau. Es muß in Berlin gewesen sein, als die Beziehung schon viele Knackse weghatte, eigentlich schon am Absterben war. Es war teilweise Zufriedenheit da, weil man so ein ruhiges Leben führte zu zweit, was ich lange Zeit angestrebt hatte. Auf der anderen Seite war aber vor lauter Ruhe auch schon der Tod eingekehrt, jedenfalls was das Miteinander-Schlafen anging. Eine Zeitlang habe ich gar keinen Ausweg gewußt. Da habe ich mir gedacht: Jetzt machen wir ein Kind und heiraten, so ungefähr. Ich glaubte: Na ja, das ist wohl normal so, das Los der Frau, irgendwann keine Lust mehr dabei zu empfinden. Eigentlich hatte ich mich mit *dem* Los abgefunden. Aber in meiner Phantasie haben die Frauen Lust gehabt, auch wenn sie durchgebumst wurden, es war Lust dabei. – Meine eigene Lust habe ich dann erst mit anderen Männern wiedergefunden.«

»Und jetzt hast du diese Phantasien nicht mehr?«

Anne: »Nein, jetzt habe ich die nicht mehr. Deshalb sind sie auch so verblaßt. Meine heutigen Phantasien sind solche, die ich mir auch in Wirklichkeit angenehm vorstelle. Bestimmte Paradebeispiele für Phantasien, die immer wieder kommen, sind zum Beispiel solche mit mehreren Männern. Aber das hat nichts mit Vergewaltigung zu tun. Ich hätte auch mal Lust, mit mehreren Männern zu schlafen. Oder ich stelle mir einen bestimmten Mann vor, den ich gerade anziehend finde. Zum Beispiel auch bei schweren Männern das ganze Körpergewicht auf mir zu spüren, so halb erdrückt zu werden und spüren, spüren, spüren. Manchmal, wenn ich dann tatsächlich mit den Männern geschlafen habe, war es auch ganz ähnlich.«

In Annes Erzählungen fällt die Eindeutigkeit auf, mit der sie das Auftauchen erniedrigender Phantasien an eine bestimmte Lebensphase bindet: an eine Zeit, in der sie Sexualität äußerst entfremdet erlebt, in der ihre Lust in einer für sie in keiner Hinsicht mehr befriedigenden Beziehung verödet. Sie sieht ihr Verhalten zunehmend von fremden Ansprüchen bestimmt und gelenkt: den Bedürfnissen des Freundes, den gängigen weiblichen Rollenmustern, dem linken Diktat sexueller Tabulosigkeit. Da ihr weder der Schritt zur offenen Auseinandersetzung und Konfrontation gelingt, noch der Mut zum Ausbruch vorhanden ist, kommt der Wunsch nach (Er-)Lösung aus dieser Situation in geheimen Todeswünschen zum Ausdruck. Diese wiederum führen zu so großen Schuldgefühlen, daß es Anne unmöglich scheint, mit anderen über ihre Bedrängnis zu sprechen.

Sexuell erfüllt sie weiterhin ihre »Pflicht«, um die Fassade einer funktionierenden Beziehung, auch vor sich selbst, nicht zum Einsturz zu bringen. Zu dieser Zeit treten zum ersten Mal Vergewaltigungsphantasien auf. Anne erlebt sie als erregend und macht sie sich nutzbar, um die »normale Sexualität« aufrechterhalten zu können. Erst mit dem Aufkommen der Frauenbewegung, durch deren Gedanken und Forderungen sich Anne unterstützt und ermutigt fühlt, gelingt ihr schließlich die Lösung aus der für sie so beklemmend gewordenen Partnerschaft; dies hat ein ebenso abruptes wie vollständiges Verschwinden aller masochistischen Phantasiebilder zur Folge.

Keine der anderen Frauen schildert eine derartige Übereinstimmung zwischen dem Auftreten demütigender, erniedrigender Phantasieinhalte und einem bestimmten, als leid- und unlustvoll erlebten Beziehungsalltag. Zwar sehen auch andere Frauen eine Beeinflussung ihrer Phantasien durch ihr tatsächliches sexuelles Erleben, durch ihre Möglichkeiten und Fähigkeiten, eigene Bedürfnisse auszuleben, jedoch nicht in der von Anne formulierten Zeitgleichheit und Offensichtlichkeit. Die anderen Frauen sprechen von viel mehr Brüchen zwischen realer (sexueller) Emanzipation und dem Phantasiegeschehen, von der Langsamkeit beobachtbarer Veränderungen und von der hartnäckigen Verwurzelung alter, häufig schon der Vergangenheit zugeordneten Phantasiebilder, die immer wieder in ihren Köpfen auftauchen und nicht selten zu großen Selbstzweifeln und innerem Zwiespalt führen.

Eine wichtige Voraussetzung für Annes Erfahrungen in diesem Punkt sehen wir in ihrer weitgehend ungebrochenen sexuellen Identität. Sie fand als Kind Geborgenheit und Anerkennung durch ihre Eltern; obwohl diese in vielerlei Hinsicht eine sehr bürgerliche Moral vertraten, lebten sie dennoch ihre Zärtlichkeit und Lust relativ offen und für ihre Kinder sichtbar aus. Die elterliche Akzeptanz und ihr vergleichsweise gelöster Umgang mit Sexualität haben es Anne ermöglicht, sich ihren ersten sexuellen Gefühlen unbelastet hinzugeben. Sie entdeckt und genießt ihren Körper, ihre Lust, ihre erotischen Vorstellungen und Phantasien und bleibt dabei nahezu frei von sexuellen Ängsten und Schuldgefühlen, welche die Lebensgeschichten vieler Frauen schon in der Kindheit, verschieden stark ausgeprägt, bestimmen. Sexuelle Schwierigkeiten beschränken sich bei Anne auf deutlich abgrenzbare, krisenhafte Phasen ihres Lebens und scheinen nicht verwoben mit einem Netz verschiedenster, zum Teil weit zurückgreifender, negativer Erfahrungen im Umgang mit allem Sexuellen. Vor diesem Hintergrund ist die Beschränkung masochistischer Phantasieinhalte auf zeitlich fest umrissene Situationen zu sehen; sie sind vor allem Ausdruck momentaner Hilflosigkeit und nicht Spiegelungen anderer, tieferer und nicht mehr gegenwärtiger Erlebnisse.

Daß masochistische Phantasien ihr das Ausharren in einer im Grunde unerträglich gewordenen Partnerschaft ermöglichten, sieht Anne zum Zeitpunkt unserer Gespräche sehr deutlich. Dabei stellt sie allerdings in Frage, ob es sich überhaupt um masochistische Phantasien handelt, da sie selbst wie die Phantasiegestalten die beschriebenen Situationen voller Lust genießen. Indem Anne aber den mißhandelten Frauen ihrer Phantasien jegliches Leiden abspricht – »ich habe mir nie traurige Gesichter oder gequälte Menschen vorgestellt« –, gelingt ihr die Abspaltung der Bilder ihrer Vorstellungswelt von den realen Gegebenheiten ihrer Beziehung. Obwohl die Phantasien ein Abbild ihrer tatsächlichen Lebenssituation liefern, helfen sie ihr, genau vor dieser Einsicht lange die Augen zu verschließen. Zum einen erleben die Phantasiefrauen ihre Demütigung als lustvoll, zum anderen leugnet Anne jede Verbindung zwischen ihnen und ihrer eigenen Person – sie selbst bleibt stets Zuschauerin. In unbewußter Regie ihrer Phantasiegebilde schafft sie Distanz zu ihrer eigenen leidvollen Situation, und diese Abgrenzung ermöglicht es ihr zunächst, die sich real vollziehende hilflose Unterordnung unter das fremde und erdrückende Begehren ihres Partners zu ertragen.

Ein von Anne eher beiläufig erwähnter, für die Generation der von uns befragten Frauen jedoch einflußreicher Aspekt sind die Auswirkungen der Studentenbewegung auf ihre Sexualität. Deren programmatische Ablehnung jeglicher sexueller Schranken brachte, statt der ›allseitigen Befreiung‹, für viele Frauen neue Schwierigkeiten und Belastungen. Spezifische Formen weiblicher Unterdrückung wurden kaum zur Sprache gebracht, und so blieb auch die besondere Beschränkung und Behinderung weiblicher Identitätsbildung und Autonomie unreflektiert. Dies verführte viele Frauen dazu, sich *neuen* Normen anzupassen, ohne daß diese darauf geprüft wurden, ob sie weiblichen Bedürfnissen entsprachen.

Ulla und Bettina: »...wenn es nichts mehr mit der Realität zu tun hat.«

Ulla und Bettina sind befreundet. Bettina nahm an der Veranstaltung der *Sommeruni* teil, danach sprach sie mit Ulla über ihre Eindrücke, und beide entschlossen sich, sich gemeinsam auf ein Gespräch über ihre Phantasien einzulassen.

Bettina: »Seit der Sommeruni habe ich versucht, darauf zu achten, wann eigentlich solche masochistischen Phantasien kommen. Das Komische ist, daß jetzt kaum noch welche da sind. Ich habe das Gefühl, daß ich sie mir seitdem erst recht verbiete, damit ich sie nicht beobachten muß. Früher habe ich nie so bewußt darauf geachtet. Ich weiß einfach nur, daß die schon seit ewig langen Zeiten immer mal wieder auftreten, aber ich könnte überhaupt nicht sagen, in welchen Situationen. Vorstellungen von Unterwerfung oder Erniedrigung sind bei mir auch nicht bewußt herbeigerufen, sondern kommen hauptsächlich, wenn ich ein Buch gelesen oder einen Film gesehen habe, wo Frauen unterdrückt werden.

Ich erzähle ein Beispiel: Da kam in einem Film ein verkrüppeltes Mädchen vor, das ein steifes Bein hatte. Die war total verschossen in einen Typen. Die Situation, um die es für mich dann ging, spielte spät abends auf der Straße. Da wurden die beiden von zwei anderen beobachtet, wie er sie mitten auf der Straße zwingt, ihm einen zu blasen. In dem Moment, wo ich den Film sehe, ist erstmal nur Abwehr in mir: Sauerei und der blöde Arsch! Also total dagegen. Und dann – ja irgendwann kommt das als Phantasie wieder hoch. Ich erinnere mich immer wieder daran und finde das im Nachhinein unheimlich erregend. Aber sobald ich merke, daß ich das erregend finde und versuche, die Phantasien weiter auszubauen, um dann onanieren zu können, funktioniert das nicht mehr. Ich kann die Erinnerungen nicht bewußt ausbauen. Und dann flaut die Erregung auch wieder ab.«

»Also benutzt du diese Phantasien nicht zur Selbstbefriedigung?«

Bettina: »Letztendlich tue ich das schon. Aber ich kann die Vorstellungen nicht mehr steigern, indem ich sie ausmale oder erweitere. Meistens reicht die Erinnerung auch schon aus. Wobei ich sowieso nicht so wahnsinnig genußvoll onaniere. Bei mir ist das wirklich nur ein Abbauen von Erregung. So, wie ich mir das früher immer bei Männern vorgestellt habe: mal ganz schnell einen wichsen. Mich da ewig lange streicheln, das bringt bei mir überhaupt nichts.«

»Was hast du dann hinterher für ein Gefühl?«

Bettina: »Ich fühle mich hinterher eigentlich ganz gut. Es fehlt mir nicht mal, daß ich mich nicht langsam errege. Das passiert ja vorher: entweder dadurch, daß ich ewig lange nicht mehr mit jemand geschlafen habe oder halt durch Erinnerungen an solche gesehenen Sachen. Dann ist die Erregung so stark, daß ich nur noch davon runterkommen will. Von daher finde ich das auch nicht negativ.«

»Du kannst also den Orgasmus trotz der Bilder genießen?«

Bettina: »Wertungen beeinflussen mich in dem Moment nicht so sehr. Im Hinterkopf habe ich zwar schon, daß es ja wirklich sehr merkwürdig ist mit diesen ganzen Phantasien – aber es ist mehr so eine generelle Wertung: Phantasien, die ich eigentlich ablehnen müßte. Das war mir immer schon klar. Ich habe mich auch noch nie getraut, darüber mit irgend jemandem zu reden, weil ich immer das Gefühl hatte: Das kannst du keinem erzählen, das ist was Negatives.«

Ulla: »Genau das Gefühl spielen die auch in dem Theaterstück der Roten Grütze: *Was heißt hier Liebe?* Celine erzählt darin über ihre Onanie und sagt: Dacht' ich immer, ich bin ein ganz besondres Schwein. Das hat mich so getroffen, weil ich dachte: Mensch, endlich spricht's mal jemand aus.«

Bettina: »Den gleichen Effekt hatte bei mir die Sommeruni. Diese Frauen zu sehen, die alle mit dem gleichen zu tun haben. Einfach dieses Gefühl: Es geht nicht nur mir so. Das war schon toll.«

Ulla: »Ich denke, die Anfänge von solchen sexuellen Phantasien liegen ganz weit zurück. Bei mir beginnt das in der Kindheit: zum Beispiel die Spielchen mit unserem Nachbarsjungen im alten Bus. Oder unsere Kinderbande: Wenn du aufgenommen werden wolltest, mußtest du die Hose runterziehen. Arztspiele und lauter so ein Zeug.«

Bettina: »Ich hatte so mit zehn eine Freundin, mit der habe ich immer Pfänderspiele gemacht. Das Pfänderauslösen bestand darin, sich gegenseitig die Scheide zu zeigen oder sich einfach nackend hinzustellen. Aber ich kann mich nicht erinnern, das als erregend empfunden zu haben, eher schon als eine Erniedrigung.«

»Aber du hast es gerne gemacht, das Spiel?«

Bettina: »Ja, ich fand das Spiel faszinierend. Ich weiß nicht, ob erniedrigend das richtige Wort ist; ich wußte einfach, daß das etwas ist, das man eigentlich nicht machen soll, etwas Verbotenes. Es war so eine Mischung aus Neugierde, wie bei den Doktorspielen, und auch einer Bestrafungsform. Ich dachte früher auch immer, ich bin ein ganz besondres Schwein.«

Ulla: »Das schlechte Gewissen und die Angst, daß jemand reinkommt.«

Bettina: »Das haben wir aber wirklich nur gespielt, wenn die Mutter nicht da war, sonst war uns das zu brenzlig.«

Ulla: »Wenn ich alleine war, hatte ich mehr solche romantischen Vorstellungen: von einem Held gerettet zu werden. Das war einfach schön zu träumen. Aber richtig onaniert habe ich damals nie. Später habe ich BRAVO gelesen: abends im Bett mit Kerzenschein und meiner Lieblingsmusik – aber an Miteinander-Schlafen habe ich da auch noch nie gedacht. Ich habe immer die Aufklärungsserien gelesen und hatte dementsprechend verklärte Erwartungen, – und dann kam der große Hammer, der echt große Hammer.

Ich denke, daß erniedrigende Phantasien auch viel mit Problemen in der Sexualität zu tun haben, aber um das zu erklären, muß ich ein bißchen weiter ausholen. Ich habe mit 15 das erste Mal mit einem Typen geschlafen und hatte eben vorher diese BRAVO-Phantasien: alles unheimlich toll und schön und super. Und dann kam der große Reinfall. Ich hab' mit dem gepennt und dabei bloß gedacht: Nee, was machen die da so ein riesengroßes Geschrei drum, und was soll daran so schön sein! Und ich habe also auch wirklich sage und schreibe drei Jahre gebraucht, um überhaupt mal festzustellen, daß es Spaß machen kann, mit 'nem Jungen zu schlafen. Mit diesem Freund, mit Thomas ist es auch so gelaufen, daß wir uns oft gegenseitig einen runtergeholt haben. Der war zwar sechs Jahre älter als ich, hatte aber auch keine Erfahrung mit Frauen. Na, auf jeden Fall habe ich dann drei Jahre gebraucht, um überhaupt mal einen Orgasmus zu kriegen. Und das war so umwerfend und so wahnsinnig, daß ich ganz hin und weg war. Ich hatte dann nach dem Thomas eine Phase, in der ich drei Jahre nur in der Gegend herumgebumst habe. Der hat mich so eingezwängt, daß ich keine Leute mehr besuchen durfte und nichts ohne ihn machen konnte, so daß ich hinterher diese schöne beschissene Vorstellung hatte, die man von Freiheit hat: mit jedem Typen ins Bett zu gehen, auf den du gerade Lust hast. Das war für mich Freiheit. Das habe ich eine ganze Weile praktiziert, mit dem Ergebnis, daß ich festgestellt habe, daß es sowieso egal ist, weil es eh keinen Spaß macht.

Aber damals hatte ich solche Phantasien, wie ich sie jetzt habe, überhaupt nie. Ich habe zwar onaniert, aber ohne was im Kopf zu haben. Die Phantasien haben – darauf will ich eigentlich hinaus – erst angefangen, als ich hier in Berlin lebte und mit Holger zusammen war. Was mit dem sexuell abgelaufen ist, das spottet sowieso jeder Beschreibung. Auf jeden Fall war es sehr unbefriedigend für mich, weil der war halt der typische Mann: 'ne ständige Geilheit und ständig mit mir schlafen wollen. Und du bist überhaupt nicht auf die Idee gekommen, auf ihn zuzugehen, weil er sowieso schon immer auf dich los ist. Holger hatte eine Menge Pornos bei sich zu Hause rumliegen, die mich aber nie angemacht haben. Als er dann mal eine Woche weggefahren ist und die Dinger immer noch rumlagen, habe ich mir die doch angeguckt und plötzlich festgestellt, daß ich wirklich geil darauf geworden bin. – Ich unterscheide das immer: einmal die Lust, wenn ich mit meinem

Freund schmuse, und andererseits diese Geilheit, wenn ich onaniere. Das sind für mich zwei vollkommen verschiedene Kisten. Damals habe ich das erste Mal entdeckt, da war ich 21, daß mich sowas wie Pornos anmacht. Und das fand ich ganz schön schlimm. Die Pornos haben mich allerdings nur zeitweise angemacht, zum Beispiel wenn Holger länger weg war; dann habe ich die immer benutzt, damit es schneller geht wenn ich onaniere. Eigentlich waren diese Dinger, die der Holger hatte, eklig, die mochte ich überhaupt nicht.

Sonst geht es mir so, daß ich zum Beispiel mit Filmen, in denen Gewalt gegen Frauen vorkommt oder generell Gewalt gegeneinander, gar nicht klarkomme. Auch Vergewaltigungen im Film – das kann ich überhaupt nicht aushalten. Andererseits ist mir mal ein italienischer Porno in die Hände gefallen – die haben immer eine Rahmengeschichte von einem Super-Sex-Typ, der sowieso immer 'nen steifen Schwanz hat –, da waren Sachen drin, die mich unheimlich angemacht haben: Der Typ, der hockt im Hotel und bumst mit 'ner Frau, dann schickt er die Frau los, sie gerät in die Hände von Geheimagenten und wird, weil sie die Informationen nicht preisgeben will, von zwei Negern vergewaltigt. Nicht direkt, man sieht das nicht, aber man sieht, daß sie's zumindest nicht freiwillig macht. Das sind so die Dinger, wo ich inzwischen angelangt bin. – Aber mit dementsprechend schlechtem Gewissen. Manchmal lange ich mir schon an den Kopf und frage mich, was das eigentlich soll.

In meinen Phantasien sehe ich mich aber nie selbst. Bis auf zweimal, wo ich erste Erfahrungen mit Dope gemacht habe. Da bin ich ganz fürchterlich abgefahren. Ich lag im Bett, konnte mich nicht mehr rühren und war so geil, daß alles zu spät war. Ich habe Phantasien gehabt, die waren schlimm. Ich habe ständig nur rammelnde Leute gesehen, aber wirklich rammelnd – und ich hab' mir einen nach dem anderen runtergeholt, weil das so toll war, alles ganz intensiv gefühlt. Und dann ging's mir in Norwegen nochmal so, das war auch das erste Mal, daß ich mich selbst als Betroffene gesehen habe. Ich bin da drei Jahre auf einen Typen abgefahren und habe mir dann einmal – wieder unter Einwirkung von Dope – vorgestellt, daß der Typ mich mehr oder weniger vergewaltigt. Aber den fand ich toll. Das war das einzige Mal, wo ich mich als Betroffene gesehen habe.«

Ulla erzählt von dem Film Die Alptraumfrau. »Am Anfang konnte ich damit überhaupt nichts anfangen. Die sitzt da in ihrer Bude und macht sich Wahnsinnsvorstellungen, wie sie von irgendwelchen Leuten gebumst wird. Und langsam, aber sicher komme ich dahinter, daß einen sowas anmachen kann. Nicht, wenn ich mit jemandem schmuse, überhaupt nicht, sondern nur, wenn ich alleine bin. Ich habe jetzt seit zwei Jahren einen Freund, mit dem ich sehr gut zurechtkomme. Mit dem es regelmäßig, wenn ich mit ihm penne, auch für mich schön wird, daß ich zum Orgasmus komme. Eine ganz liebe und zärtliche Beziehung. Daß ich dabei solche Phantasien hätte, ist mir noch nie passiert. Das sind total getrennte Sachen.«

»Hast du auch sonst keine masochistischen Phantasien mehr? Sind die mit dieser neuen Beziehung verschwunden?«

Ulla: »Nein, die habe ich immer noch. Wenn ich alleine bin.«

»Hast du auch Phantasien über oder mit deinem Freund?«

Ulla: »Nein. Früher, so mit 16, 17 hab' ich oft an Jungs gedacht, in die ich verliebt war. Aber das war etwas anderes.«

»Wie geht es dir mit diesen Phantasien?«

Ulla: »Das ist ganz komisch. Am Anfang war ich erstmal unheimlich erstaunt. In dem einen Porno ist auch so eine halbe Vergewaltigungsszene, aber die machen das nicht so brutal, sondern soft. Ich war wahnsinnig erstaunt, wie mich das anmacht. Ein schlechtes Gewissen habe ich unterschwellig immer noch, weil ich es sonst ablehne.«

Bettina: »Das ist genau das, was mich daran immer so stutzig gemacht hat: daß ich diese Sachen in der Realität ablehne – auch, wenn ich einen Film sehe. Aber ein paar Tage später, wenn die Erinnerung an den Film wiederkommt, macht mich das an. Wenn es im Prinzip nichts mehr mit der Realität zu tun hat.

Woher das kommt, ist mir auch deshalb ein Rätsel, weil ich Sexualität genieße. Das hat überhaupt nichts mit Zwang, mit Nicht-Wollen oder Ähnlichem zu tun. Auch mit meinem ersten

Freund habe ich beim ersten oder zweiten Mal einen Orgasmus gehabt. Ich habe das eigentlich schon immer genossen, von daher kriege ich es um so weniger auf die Reihe. Auf der Sommeruni wurde ja angedeutet, daß masochistische Phantasien auch so eine Art Hilfsmittel sein könnten, um eigene Ängste oder Hemmungen zu überwinden. Aber wenn ich mit jemand schlafen will, dann kann ich das auch klarmachen. Ich hab's also eigentlich nicht nötig, mich in den Phantasien zur Sexualität zwingen zu lassen, weil ich meine Lust sonst nicht zulassen könnte oder so.«

Wir sprechen über die in Filmen und Literatur vermittelten Rollenklischees, dem immer wiederkehrenden Muster von der Frau, die eigentlich nicht will, und dem Mann, der sie zur Sexualität hindrängt.

Bettina: »Auch darin sehe ich keinen Grund, sich als Frau nun derart massiv überreden zu lassen, daß du praktisch erstmal zum Sex gezwungen wirst, wenn auch nur über die Phantasien.«

Ulla: »Meine allerwitzigste Erfahrung war, also gerade nach Holger, der mich von morgens bis abends, zu jeder Tages- und Nachtzeit bedrängt hat, dann an Manfred zu geraten, meinen jetzigen Freund. Bei dem war und ist das so, daß er zum Beispiel nie mit 'ner Frau schläft, wenn er einen Ständer hat, sondern daß sich das immer entwickelt. Ich hatte am Anfang wahnsinnige Schwierigkeiten, überhaupt mit seiner Sexualität klarzukommen. Erstens mußt du eh immer warten, bis sich das eingespielt hat und dann hatte er gar nicht das Bedürfnis, mehr als einmal in der Woche mit mir zu schlafen. Das habe ich zuerst nicht verstanden; ich bin im Dreieck gesprungen. Es kommt auch vor, daß wir nur alle drei Wochen miteinander schlafen. Das halte ich fast nicht aus. Weil ich vorher genau das Gegenteil erlebt habe. Deshalb habe ich am Anfang gedacht: Das kann nicht wahr sein, der findet mich nicht gut. Oder es ist mit mir etwas nicht in Ordnung. Ich war total aufgelöst. Und gleichzeitig hatte ich die Erfahrung gemacht, daß es unheimlich schön war, mit ihm zu schlafen, gleich beim ersten Mal. Das ist vorher noch nie passiert.«

»Es ist jetzt eher so, daß ihr nur zusammen schlaft, wenn sich zwischen euch beiden gemeinsam Lust entwickelt?«

Ulla: »Ganz genau! Wenn Manfred geil ist, dann kommt er nicht auf mich zu, dann sagt er auch nichts. Er will das nicht. Ich habe lange gebraucht, um damit überhaupt zurechtzukommen. Jetzt finde ich es gut. Das schöne ist, daß Manfred so ruhig ist und nichts Hektisches hat. – Eine Freundin und ich, wir haben uns mal überlegt: Den Männern steigt das Blut in den Schwanz, dann ist es aus dem Kopf weg, deswegen sind die immer so kopflos. Wenn die dann total ausflippen, nur noch an ihren Schwanz denken und geil sind, und ich nur noch als Brust und Möse wahrgenommen werde – da habe ich keine Lust mehr zu. Da habe ich dann auch kein Bedürfnis, mit denen zu schlafen. Das stört mich: dieses total Wilde und Nichts-mehr-Wahrnehmen.«

Bettina: »Meine Erfahrungen mit Männern waren, bis auf Ausnahmen, generell erstmal positiv. Ich fühle mich einfach wohl mit Typen. Von daher verstehe ich meine Phantasien noch weniger. Auch mein erster Freund war sehr lieb.«

Ulla: »Das ist bei mir ganz anders. Ich habe gerade darüber nachgedacht, was ich für Scheißerfahrungen hinter mir habe. Worüber ich jetzt eigentlich ganz froh bin. Denn durch die negativen Erfahrungen habe ich gelernt, was schön für mich ist, und auch begriffen, was Freiheit ist: Freiheit bedeutet nicht, mit jedem Typen bumsen zu können, wann immer du kannst und willst. Die menschliche Seite in der Beziehung ist wichtiger. Dazu gehört, daß du dich, auch in einer Beziehung, bewegen kannst, wie dir danach zumute ist. Das zu kapieren war für mich unheimlich wichtig, weil ich diesen verdammten Freiheitsbegriff immer im Kopf hatte, eben mit Fremdgehen. Wenn ich das höre von Männern – verheiratet, ein Kind und dann immer die Siebzehnjährigen aufreißen – dann kann ich bloß sagen: Der Typ tut mir leid, der hat die Erfahrungen, die ich mit 17 gemacht habe, halt nicht. Der rennt immer noch irgend'nem Ideal hinterher und wird dabei auch unbefriedigt bleiben. Weil es ein Trugbild ist. Freiheit heißt für mich, abends weggehen zu können, ohne mich rechtfertigen zu müssen.«

Ulla schildert, wie ihr ein Bekannter Szenen aus dem Film Deep Throat, *in denen eine junge Frau anfangs zu Sexualität und Prostitution gezwungen wurde, beschrieben hat:* »Dabei habe ich gemerkt, daß mich das erregt. Lesen kann ich sowas, und Bilder kann ich angucken. Aber wenn ich es tatsächlich im Film sehen würde, würde ich ausflippen, das könnte ich nicht ertragen. In einem von den italienischen Pornos war eine Szene, in der eine Frau auf einem Altar von drei Mönchen ›vergenußzwieselt‹ wird. Da bin ich vielleicht abgefahren. Auf dem Altar! Ich hatte das Bild einmal gesehen und habe es dann ein halbes Jahr lang im Kopf gehabt. Vor kurzem habe ich das Heft nochmal rausgesucht – heimlich, still und leise natürlich, darf ja keiner wissen, redet ja auch keiner drüber bei uns. Dabei habe ich festgestellt, daß sich die Szenen in dem Porno total unterscheiden von dem, was ich in meinem Kopf drin hatte. Ich habe das aufgebauscht und pompös gemacht, und dabei war das eine winzig kleine, popelige Szene. Aber das hat mich unheimlich angemacht – diese drei Typen und die Frau. Das ging auch noch weiter: Als die Frau weg war, haben die sich zu dritt auch noch gegenseitig gefickt. Das war eben auch so 'ne Sache. Ich war peinlich berührt, daß mich das so anmacht.

Ich glaube, daß bei mir ziemlich viel versaut worden ist, als ich im Heim war, so zwischen drei und fünf Jahren. Wir sind dort sehr streng erzogen worden, auch sehr sexualfeindlich. Danach bin ich zusammen mit mehreren Frauen aufgewachsen, da gab es keine Scham voreinander, da war alles sehr offen. Ich denke, aus der Heimzeit rührt auch meine Angst, zu schmusen, wenn die Gefahr besteht, daß jemand reinkommt, meine Unfähigkeit, dann zu schmusen. Als ich zum ersten Mal mit Thomas geschlafen habe, da mußte das Haus leer sein, da mußte die Haustür abgeschlossen sein und die Zimmertür. Und sobald sich irgendwo etwas gerührt hat, war es aus bei mir, da war ich dicht, da ging nichts mehr. Und das kommt bestimmt aus dieser frühen Zeit: diese ganz, ganz massive Angst, daß andere Leute wahrnehmen, daß ich eine eigene Sexualität lebe.

Als ich den Film der Roten Grütze *Was heißt hier Liebe*

gesehen habe, da habe ich mir gedacht: Menschenskinder, hättest du den Film mit 15 gesehen, du hättest dir die Hälfte deiner ganzen Erfahrungen sparen können. Der Film, das war für mich die Erleuchtung. Ich renne da jetzt immer noch rein.«

Ulla erwähnt das Buch Schweine mit Flügeln, *in dem in einem Kapitel über das unterschiedliche Erleben eines Analverkehrs aus der Sicht des Mädchens und des Jungens berichtet wird; der Junge ist begeistert, das Mädchen empfindet es nur als erniedrigend:* »Mir ist es mit Holger wirklich nicht anders gegangen. Ich wußte gar nicht, was der so unheimlich toll daran gefunden hat, mir hat das einfach nur weh getan. Und ich Idiot habe mich immer wieder darauf eingelassen, immer wieder. Das ist echt ganz komisch. Erst jetzt mit Manfred kann ich es langsam mal zulassen, daß es auch schön ist, da gestreichelt zu werden, also auch am Po, weil das früher eben auch schmutzig, scheußlich und überhaupt... Aber den Analverkehr lehne ich immer noch ab, weil ich mir vorstelle, daß es viel zu weh tut.«

»Weißt du, warum du dich bei Holger trotzdem darauf eingelassen hast?«

Ulla: »Einfach, um diesen Wahnsinnsdiskussionen aus dem Weg zu gehen, die gefolgt sind, wenn ich nicht wollte. Diese Diskussionen, die kann man einfach nicht beschreiben, dauerten fünf Stunden, mit dem Ergebnis, daß der Typ total besoffen und zugeraucht war und mich als Hure und sonstirgendwas beschimpft hat. Das war 'ne Beziehung, in der er mich völlig kaputtgemacht hat, in der ich persönlich kaputt war, einfach keine Widerstandskraft mehr hatte und mich auch nicht wehren konnte, eine richtige schöne Horrorbeziehung. Mit dem habe ich auch oft geschlafen, wenn ich eigentlich gar nicht wollte, und dabei habe ich ihm erzählt, ich würde so etwas nie machen. Ich habe ihn also angelogen, permanent. Einfach, um diesen Diskussionen aus dem Weg zu gehen. Mir selbst habe ich dann vorgemacht: Eigentlich ist es ja nicht schlimm, eigentlich ist es ganz schön. Aber das war es nie, das ist eine reine Lüge gewesen. Ich kenne seine jetzige Freundin. Mit der läuft es immer noch so. Dabei ist er ein sehr lieber Typ, das ist ja das Verrückte, der ist gleichzeitig so ein lieber, netter, toller Kerl, daß du nicht weißt, ob du ihm in den Arsch treten oder ihn drücken und knuddeln sollst. Bei ihm habe ich auch solche Extreme erlebt: Er hatte morgens einen steifen Schwanz, hat dich angekrabbelt und wollte mit dir schlafen. Wenn du dann gesagt hast: Nee, du willst nicht mit ihm schlafen, du willst nur schmusen, dann hat er sich umgedreht und sich einen runtergeholt. Zwischen Geilheit und einer Lust, die sich beim Schmusen entwickelt, konnte er nicht unterscheiden. Und das hat mich eigentlich immer schockiert. Weil Geilheit doch personenunabhängig ist und dann nur auf mich übertragen wird.«

Bettina: »Ich kann mit meinem Freund nicht darüber reden, daß ich masochistische Phantasien habe. Ich habe das Gefühl, Männern die Trennung zwischen Phantasie und Realität nicht klarmachen zu können. Wobei ich mit der Trennung ja auch Schwierigkeiten habe, damit, es in der Realität total abzulehnen und in der Phantasie darauf abzufahren.«

Ulla: »Das letzte Argument der Männer ist ja auch immer: Die Frauen wollen es so.«

Bettina: »In der Realität habe ich überhaupt keinen Wunsch nach diesem Genommenwerden. In den Phantasien taucht es immer wieder auf. Obwohl ich auch eine Geilheit bei Frauen, die ich phantasiere, voraussetze, was ja eigentlich Blödsinn ist. [...] Ich habe keine Phantasien mit konkreten Personen, vor allem nicht mit Leuten, die ich kenne. Also entweder sind die Männer völlig gesichtslos, oder es sind irgendwelche Allerweltstypen, die ich hinterher nicht beschreiben könnte. Das wechselt auch immer ganz komisch, daß ich teilweise so wie der Mann fühle, mich als Mann sehe, dann wieder als Frau, dann wieder als Beobachter. Das ist nicht bloß auf eins festgelegt.

Ich erinnere mich an ein Erlebnis, wo ich mich wirklich nur dem Mann überlassen habe und im Grunde alles gegen meinen Willen ablief – das hatte überhaupt nichts Erregendes für mich, ganz im Gegenteil. Zu diesem Typen hatte ich etwa ein Jahr lang eine Beziehung; als es vorbei war, hat er mich noch mehrere Monate belabert, daß er ganz gerne wieder würde. Er kam irgendwann mal spät nachts vorbei, und ich habe ihn auch

46

noch reingelassen. Daraufhin hat er mich vier Stunden lang vollgequatscht, daß er gerne mit mir schmusen würde. Ich habe ihn abgewehrt, aber irgendwann war mir das echt zu blöd, ich habe mich hingelegt, die Beine breit gemacht und alles über mich ergehen lassen. Das war schlimm und erniedrigend für mich – ich habe den hinterher rausgeschmissen, in meinem Bett gelegen und geheult. Ich kam mir wirklich vor wie eine Nutte: mal kurz einen abwichsen. Von daher könnte ich an einer realen Vergewaltigung nie irgend etwas toll finden. Das ist auch der Punkt, der mich so stutzig macht: eine solche Situation erlebt zu haben und trotzdem später noch Vergewaltigung zu phantasieren. Das kriege ich nicht auf die Reihe. Diese reale Situation mir nochmal vorstellen, das kann ich nicht.

Je länger ich darüber rede, desto besser kann ich auch für mich mit den Phantasien umgehen. Ich kann sie zwar nicht akzeptieren, aber ich kann mehr dazu stehen. Ich kann mittlerweile eher zugeben, daß ich sowas habe, auch wenn ich mir sage: Kann ja wohl nicht wahr sein!«

Obwohl Ulla und Bettina eher auf gegensätzliche Erfahrungen in ihren Beziehungen und sexuellen Begegnungen zurückblicken, haben sie beide erlebt, daß Vorstellungen von Sexualität, in denen die Frauen erniedrigt, benutzt oder zum Sex gezwungen werden, sie erregen können. Ulla entdeckt mit Anfang zwanzig, daß Pornographie sie ›anmachen‹ kann: Darstellungen, die sie von ihrem Selbstbild, ihrer Moral und Lebensanschauung her ablehnt, rufen plötzlich Lust in ihr wach. Sie nimmt dies verwundert und mit einem schlechten Gewissen wahr. Ähnlich wie Anne sieht sie rückblickend einen Zusammenhang zwischen der Entstehung masochistischer Phantasien und der Gestaltung ihrer damaligen partnerschaftlichen Sexualität: Erniedrigungsphantasien treten bei ihr erst während einer Beziehung auf, in der sie sich sexuell ständig bedrängt fühlt. Allerdings setzt Ulla die Phantasien anders ein: Sie dienen ihr nicht als sexuelle Stimulanz, um den Wünschen des Freundes nachzukommen, sondern als Phantasie-Szenarium zur Selbstbefriedigung. Gleichwohl sind auch ihre Vorstellungen in gewisser Hinsicht ein Spiegelbild dessen, was mit ihr selbst geschieht: Sie wird benutzt, sexuell wird über sie verfügt. Dabei duldet Ulla die eigene Ausbeutung, verharrt von sich aus in einer Beziehung, die sie selbst als horrorhaft bezeichnet. Das Gespräch umreißt diese Widersprüchlichkeit, es bietet jedoch wenig direkte Erklärungsansätze für die Phantasieproduktion, was damit zusammenhängen mag, daß beide Frauen sich bisher wenig mit ihren Phantasien auseinandergesetzt haben.

Bei Bettina wird der Bezug von ihren Phantasien zur eigenen Sexualität und Geschichte im Gespräch noch weniger ersichtlich. Ihr selbst fällt auf, daß gerade solche Buch- oder Filmszenen, die zunächst die stärkste Abwehr, Abscheu und Verurteilung in ihr auslösen, in der Erinnerung plötzlich lustvoll besetzt werden. Dies erlebt sie als Widerspruch zu ihren generell positiven sexuellen Erlebnissen, ihrem Gefühl, Lust zeigen zu können, und Erfüllung im Zusammensein mit Männern zu finden. Da Bettina wenig über ihre Kindheit, die Atmosphäre im Elternhaus und die Beziehung zu den Eltern erzählt, bleiben auch mögliche Zusammenhänge zu dieser frühen Erfahrungswelt verborgen.

Bettina ist unsicher, ob sie in bezug auf ihre Phantasien überhaupt in Begriffen von Gewalt und Zwang sprechen sollte, da die Frauen stets auch Lust empfinden. Diese Überlegung wurde von mehreren Frauen angesprochen. Sie waren verwirrt, daß das, was die Frauen in ihren Phantasien fühlten, nicht dem äußerlichen Geschehen entsprach: Sie phantasierten zum Beispiel den Ablauf einer Vergewaltigung, jedoch nicht die Gefühle der vergewaltigten Frau. Es scheint, als ob lediglich die äußeren Bedingungen einer wirklichen Zwangs-, Abhängigkeits- oder Vergewaltigungssituation entsprechen, während die Innenwelt der phantasierten Frau davon unberührt bleibt. Dies deutet nochmals darauf hin, daß von den phantasierenden Frauen eigene Lust angestrebt wird, nicht der Zustand von Hilflosigkeit und Zwang. Es bleibt die Frage, warum gerade ein Zustand des Ausgeliefertseins erdacht wird, um die eigene Lust heraufzubeschwören. Erklärungen hierfür liegen in der

Interpretation dieser Phantasien als Bewältigungsstrategie von Angst- und Schuldgefühlen, die nicht immer bewußt sein müssen. Diesem Zusammenhang wollen wir uns im letzten Teil des Buches eingehender widmen.

Ein weiterer Ansatzpunkt, um Bettinas Widerspruch zwischen ihrer Erfahrung mit Männern und ihren Phantasien aufzulösen, liegt darin, daß Unterdrückungsphantasien nicht nur auf konkret erlebter Gewalt basieren, sondern jede sexuelle Äußerungsform auch von gesellschaftlichen Strukturen (de-)formiert ist. In unserer Kultur wird weibliche Lust bis heute mit Unterwerfungsbereitschaft und dem Wunsch nach Abhängigkeit assoziiert. Wir meinen, daß diese immer wieder demonstrierte Verflechtung auch von den Frauen – ungewollt und unbewußt – verinnerlicht wird und ihr Bild davon prägt, wie weibliche Lust, also auch ihre eigene, wachgerufen wird und wie sie sich äußert. Somit lebt der Mythos der masochistischen Frau auch in ihnen weiter, schlägt Wurzeln und treibt wilde Blüten, obwohl er konkreten Alltagserfahrungen entgegenstehen kann.

Ulla und Bettina erinnern sich, wie andere Frauen auch, an kindliche Spiele, deren verbotener und heimlicher Charakter als besonders aufregend erlebt wurde. Die Gefahr der Entdeckung, die Angst davor, das Beschämende, selbst die Bestrafung werden zu Spannungsmomenten, die sich in späteren Sexualphantasien als erotische Elemente wiederfinden. Während es für Bettina offen bleibt, ob außer dem Reiz, etwas Verbotenes zu tun, dem Durchbrechen von Tabus und Moralgeboten, noch andere Motive die Faszination dieser Spiele ausmachen, haben sie für Ulla, wie auch für Anne und Franziska einen deutlich erotischen Charakter, werden als spannend und lustvoll empfunden. Das Hose-Runterziehen oder die Auflage, sich als Verlierer in aller Nacktheit präsentieren zu müssen, sind – bloßstellend und beschämend – in ihrer Wirkung doch erregend. Zusätzlich erhöht sich die Spannung durch die Gefahr der Entdeckung, die bewußt in manche Spiele eingeplant und -gebaut wird.

Da wir nicht an eine zwangsläufige Zusammengehörigkeit von Erotik und Momenten der Erniedrigung und Beschämung glauben, haben wir nach Faktoren gesucht, die den Reiz und die Spannung dieser Spiele erklären. Zum einen beziehen sie ihre Verlockung sicherlich aus der Rebellion gegen auferlegte Schranken: das vorsätzliche Übertreten verinnerlichter Moral wird halb lust-, halb angstvoll ausprobiert. Weiterhin lassen sich Demütigungsrituale, imaginierte und symbolische Bestrafungsakte jedoch auch in zweifacher Hinsicht als Verarbeitungsmechanismen interpretieren: Da eine gefürchtete Situation, zum Beispiel elterliche Bestrafung oder körperliche Bloßstellung, vorweggenommen und immer wieder, real oder in den Phantasien, durchgespielt wird, wird die (phantasierte) Auseinandersetzung mit einem angstbesetzten Erlebnis kontrollierbar. Dadurch verliert sie an Bedrohung. Diese Angstminderung könnte – lustvoll – als Erleichterung erlebt werden.

Ein weiteres Lustmoment der Spiele liegt in dem Machtgefühl, das sie vermitteln: Im Spiel wie auch in der Phantasie sind die Akteurinnen nie wirklich ausgeliefert, sondern können frei über das ganze Szenarium verfügen, der Part der Unterlegenen ist vorher nach festen Regeln vereinbart oder gar frei gewählt. Relativ leicht läßt sich die Rolle der Täterin mit der des Opfers vertauschen. Da die Akteurin die gesamte Situation in der Hand hat und auch die Identifikation mit strafenden und kontrollierenden Figuren möglich ist, wird das Gefühl von Macht spürbar. Dieser Gegenspieler der eigenen Ohnmacht und Abhängigkeit tritt hierbei deutlich in Erscheinung und mit ihm die enge Verknüpfung von masochistischen und sadistischen Impulsen. Diese deutet sich auch in dem (später) von Bettina und anderen Frauen beschriebenen Identifikationswechsel in ihren Phantasien an: Sie sahen sich nicht immer in der Rolle der Frau, sondern auch in der des Mannes oder eines Beobachters. Es ist für sie auch möglich, in die Rolle des Täters zu schlüpfen, den aggressiven Part in der Szene zu übernehmen. Auf diese Verstrickung von zunächst gegensätzlich anmutenden Strebungen wollen wir später nochmals eingehen, im Gespräch mit Miriam.

Die Möglichkeit, sich mittels (masochistischer) Phantasien genau der imaginierten Vorgänge bemächtigen zu können, wird auch von Margarete Mitscherlich hervorgehoben: »Solche Phantasien können also dem Zweck dienen, passiv erlittene Unterdrückungen in kontrollierbare Situationen zu verwandeln und aus Unlust Lust zu machen. [...] Dennoch, wenn Frauen dem Analytiker über Phantasien von passiver sexueller Unterwerfung berichten, dann geschieht es häufig, daß sich in das Gefühl der Scham ein Element untergründigen Triumphes mischt, mit Hilfe der Phantasien Herrin ihrer selbst und ihrer Lustmöglichkeiten zu sein.«[1]

Anmerkung
1 Margarete Mitscherlich, Die friedfertige Frau, Frankfurt 1985, S. 142.

Carmen und Eva: »Ich hab das immer ziemlich schnell weggepackt.«

Wir haben Carmen während der *Sommeruni* kennengelernt, wo sie sich zu einem Gespräch mit uns bereit erklärt hat. Sie bat ihre jüngere Schwester Eva, ebenfalls an dem verabredeten Gespräch teilzunehmen, um sich die ungewisse Situation zu erleichtern.

Carmen: »Ich will erstmal erklären, wo ich jetzt stehe und wo ich damals stand. Es fällt mir schwer, mir das von damals so wiederherzuholen. Während der Sommeruni und kurze Zeit vorher habe ich überhaupt das erste Mal über meine Phantasien nachgedacht. Ich habe große Schwierigkeiten, mir diese Phantasien einzugestehen, und ich habe eh unheimliche sexuelle Schwierigkeiten. Und mit den Phantasien, das war mir alles sehr, sehr ungeheuerlich.

Seit einem Jahr mache ich eine Analyse, und da sind wir immer mal wieder an diesen Punkt gekommen; ich kam aber nicht drüber weg, ich konnte auch dort nicht weiter darüber reden. Ich hab' mich unheimlich geschämt. – Damals habe ich eine Frauengruppe besucht und wollte dort auch darüber reden, hatte aber dort die gleichen Schwierigkeiten. Einen Abend habe ich es geschafft, daß ich ein bißchen mehr aus mir rausgekommen bin. Mir ging's unheimlich schlecht danach, weil ich dachte: Was ich denen alles erzählt habe, wer weiß, was die jetzt über mich denken!?«

»Wie war das nach der *Sommeruni*?«

Carmen: »Damals, in der Veranstaltung, als ich von anderen Frauen gehört habe, daß eben viele Frauen solche Phantasien haben – das hat mir geholfen. Ich habe hinterher mit anderen Frauen darüber reden können – das Thema hat mich in der Zeit wahnsinnig beschäftigt. Und ich habe gemerkt, wie ich das immer mehr für mich annehmen konnte. Aber ich weiß nicht genau, ob das damit einfach o.k. ist. Zum Beispiel ist mir aufgefallen, daß ich sexuelle Phantasien nicht einsetzen kann, wenn ich mit 'nem Typen zusammen bin. Obwohl ich mir's manchmal wünschen würde, ich kann es nicht. Bei der Selbstbefriedigung schon, auf jeden Fall, unheimlich stark. Ich mache das jetzt freudiger; es macht mir mehr Spaß, mir die Phantasien dann auch wirklich zu holen. Ich weiß jetzt eben, daß es nichts Unnormales bei mir ist, das hat viel Druck von mir genommen. Aber gezielt etwas damit anfangen: diese Phantasien verstehen, das kann ich nicht.«

Wir reden über die Sommeruniversität der Frauen.

Carmen: »Wie einige Frauen darüber sprachen, wie sie das einsetzen, daß sie das richtig *genießen*: Das hat mich am stärksten beeindruckt. Ich dachte: Da möchte ich auch hinkommen. Klar, denn ich habe vorher nie den guten Aspekt gesehen, immer nur den negativen, mich immer nur geschämt. Ich habe versucht, mir auch solche Phantasien vorzustellen, wie sie die Frauen im Buch von Nancy Friday schildern, ausgedachte Geschichten oder Situationen. Aber das liegt mir gar nicht. Wenn ich mich selbst befriedige, denke ich eher an schöne Erlebnisse mit Männern. Ich weiß gar nicht, warum ich auch deswegen immer ein schlechtes Gewissen hatte, warum mir das so viele Probleme gemacht hat.«

»*Solche* Phantasien haben dir auch Probleme gemacht?«

Carmen: »Ja. Das hat aber mit meiner Vergangenheit zu tun. Ich bin Alkoholikerin. Und ich habe vor zehn Jahren eine Phase gehabt, da war ich ziemlich voll drin, habe alleine gelebt und die Männer halt konsumiert. Und bin auch auf alles mögliche abgefahren. Jetzt – ich trinke seit drei Jahren nicht mehr – habe ich wieder sexuelle Schwierigkeiten. Die habe ich mit dem Alkohol nicht gehabt. Ich konnte meine Phantasien ausleben. Hinterher allerdings habe ich immer Schwierigkeiten gehabt, habe mir das vorgeworfen, was ich da wieder gemacht habe mit den Männern. Damit habe ich auch heute noch Schwierigkeiten: eben nicht nur die normale Stellung oder so. Ich habe mit Eva schon öfter darüber gesprochen. Sie sagt immer: Das ist doch alles normal, was du machst. Aber es ist schwierig für mich, das einfach so anzunehmen. Und das gilt auch für

Sachen, die ich phantasiere. Klar, daß ich wieder Schuldgefühle dabei kriege: weil es eben noch nicht aufgearbeitet wurde.«

»Einerseits findest du die Phantasien schön und trotzdem hast du Schuldgefühle dabei?«

Carmen: »Ja. Ich komme jetzt langsam dahinter, die Phantasien auch schön zu finden. Inzwischen habe ich auch eine Erfahrung gemacht mit einem Typen, die mir unheimlich gut getan hat. Das erste Mal, seitdem ich nicht mehr trinke, daß ich es richtig *genossen* habe, daß es richtig gut ging und ich vollkommen frei von Schuldgefühlen sein konnte. Das find ich o.k. und denke, jetzt kann ich auch mit den anderen Sachen von früher besser umgehen. – Ich habe in der letzten Zeit viel in der Analyse daran gearbeitet, konnte erzählen, was ich vorher niemandem hätte erzählen können. Da waren schlimme Sachen dabei – solche, die demütigend waren, die ich von meinem Kopf her abgelehnt habe, die ich aber trotzdem genossen habe.«

»Weil du dies eigentlich demütigend fandest, hattest du hinterher ein schlechtes Gefühl?«

Carmen: »Ja, ein Scheißgefühl hinterher. – Ich habe damals einen Freund gehabt, der mich eigentlich mehr oder weniger zur Sexualität gezwungen hat. Ich habe Schwierigkeiten, mich gegen Männer zu wehren, habe immer ziemlich schnell ja gesagt. Und der hat sich quasi bei mir eingenistet, ist zu mir gezogen. Der Typ war früher mal Zuhälter, das wußte ich alles nicht, das kam erst später raus. Den habe ich mit völlig betrunkenem Kopf kennengelernt, ein ziemlich brutaler Typ. Und trotzdem hat mich aber die Art, wie er das mit mir gemacht hat, fasziniert. Da habe ich lange dran zu knacken gehabt. Weil ich dachte: Das darf dir gar nicht gefallen, wenn er dich einfach nimmt, ohne Rücksicht auf deine Person. Und wenn ich nicht wollte, habe ich eine gescheuert gekriegt. Ich habe nur immer eins gewollt: weg von dem. Aber der hat mich regelrecht gezwungen zu bleiben, indem er mich verprügelt hat. Ich wußte keinen Ausweg. – Ja, und das war eben das Merkwürdige, da war auch etwas, was mich fasziniert hat.«

»Etwas, das dich auch gehalten hat?«

Carmen: »Ja. Das ist in der Analyse, als ich drüber reden konnte, rausgekommen. Ich mußte dann zugeben: Es hat mir auch Spaß gemacht. Ich habe alles mitgemacht – Pornofilme gucken oder irgendsowas. Würde ich heute ablehnen. Und trotzdem habe ich das mitgemacht. Und es hat mich erregt. Das sind so zwiespältige Sachen bei mir.

Das hört sich vielleicht komisch an, aber manchmal, wenn ich so unter Spannung stehe, habe ich auch das Gefühl, wie die Männer halt: Ich wichs mir jetzt mal einen. Und dafür setze ich dann ganz gezielt Sachen ein, indem ich mir vielleicht das Buch von der Friday nehme, irgendwelche Stories daraus benutze. Aber es bleibt ein komischer Nachgeschmack. Ich mag's nicht gerne.«

Eva: »Ja, das kenne ich auch. Als es mir das erste Mal so gegangen ist oder mir das bewußt wurde: Jetzt hast du das wirklich nur so erzwungen, vorher überhaupt keine Erregung, und dann hingelegt und jetzt mußte es sein – da kam mir hinterher genau diese Formulierung in den Sinn: Sich-einen-Runterholen. Ein blödes Gefühl, ein bißchen Scham. Jetzt hast du nur *darauf* hingearbeitet. Die Spannung war weg. Aber mehr auch nicht.

Viel besser ist das, wenn ich es genießen kann, wenn ich Zeit habe und sich die Spannung langsam aufbaut, so Stück für Stück. Das geht aber nicht immer. Ich kann's manchmal, kommt drauf an. Ich muß schon viel Zeit haben und auch wissen, daß ich nicht gestört werde, gut drauf sein. Dann kann ich mir auch wirklich Zeit nehmen. Erstmal schön duschen, und das alles so richtig genießen.«

Carmen: »Vor Weihnachten habe ich einen Typen kennengelernt und war total verschossen. Da hatte ich es mir eigentlich verboten, mich selbst zu befriedigen, konnte die Spannung aber nicht abreagieren. Habe mir dann alleine zu Hause viel Zeit genommen und hatte tolle Phantasien dabei. Das war schön, hat mir gut gefallen. Ich habe es Weihnachten dann mit ihm ausgelebt, und das war eigentlich genauso schön wie meine Phantasie. Da habe ich *das erste Mal alles angstfrei genossen*. –

Auf jeden Fall hängt meine Lust stark von meiner ganzen Stimmung ab. Zum Beispiel jetzt, wo ich Schwierigkeiten mit meinem Freund habe, stehe ich so unter Spannung, daß ich mir eben einen runterhole. Das ist aber nicht befriedigend. Die Spannung ist weg, aber nicht mehr. Inzwischen mache ich mir jetzt keine Vorwürfe mehr.

Ich habe früher sogar Schwierigkeiten gehabt, mir Sexualität mit einem Typen überhaupt noch schön vorstellen zu können. Mein Freund, mit dem ich zusammen bin, der hat mich noch in meiner Saufzeit kennengelernt. Damals habe ich mit ihm alles mögliche abgezogen. Ich war immer die Aktivere dabei. Ich habe ihn auch angemacht, ich hab' die Männer immer abgeschleppt. Wir sind zusammengeblieben, auch nachdem ich aufgehört habe zu trinken. Seitdem haben wir Schwierigkeiten. Ich kann mit ihm nicht pennen. Ich habe Berührungsängste: immer möglichst auf Abstand. Deswegen bin ich den Typen aus dem Wege gegangen, ich wollte eigentlich gar nichts mehr damit zu tun haben. Sexuell, habe ich gedacht, das ist für mich gelaufen, bin ich nicht mehr, steck ich ganz weg.

Und darum war das mit Bernd so ein schönes Erlebnis. Das hat mir viel Bestätigung gegeben: daß ich Spaß daran haben kann und daß ich das wohl auch noch möchte, mich nicht einmauern will. Davor waren es meistens solche Sachen, wie Sich-einen-Runterholen, nichts richtig Schönes dabei. Deshalb habe ich mir damals auf der Sommeruni gewünscht: Wenn ich das so einsetzen könnte wie andere Frauen, halt während des Geschlechtsaktes so Phantasien haben, daß ich auch meinen Orgasmus kriege und er dann zufrieden ist und ich zufrieden bin, dann wäre ja alles gut.«

Eva: »Ich finde, das spiegelt das Buch von Nancy Friday ein bißchen vor. Ich weiß gar nicht, ob es wirklich so ist, wie es da steht.«

Carmen: »Bei mir geht es so auch gar nicht. Aber ich hab's mir halt gewünscht, auch um die Beziehung zu retten. Ich hab' gemerkt, wie die langsam kaputtging, weil es sexuell nicht klappte. Mit dem anderen Typen hat es mir viel mehr Spaß gemacht. Ich weiß eigentlich immer noch nicht, woran das eigentlich liegt. Deshalb habe ich mir gewünscht: Wenn ich die Phantasien so gezielt einsetzen könnte – auch mit ihm –, dann rette ich unsere Beziehung. Aber wahrscheinlich habe ich mir nur was vorgemacht.«

Eva: »Ich habe das zum ersten Mal in Nancy Fridays Buch gelesen, ich hatte diese Erfahrung noch nie gemacht. Entweder läuft es toll, also in einem Wechselspiel, daß abwechselnd du auf ihn eingehst oder er auf dich und du genießt. Aber dann habe ich überhaupt keine Phantasien; dann bin ich *dabei* und *nirgendwo sonst.* Oder ich bin, was häufiger der Fall ist, mit meinen Gedanken irgendwo anders – denke daran, was ich noch erledigen muß oder irgend so ein Kram. Und dann habe ich das gelesen und gedacht: Das ist 'ne gute Idee. Statt daß du daran denkst, was du gleich noch einkaufen mußt, setzt du eine Phantasie ein. Und im nachhinein wieder meine Zweifel: Das ist doch auch nur eine Ablenkung, egal ob durch Phantasien oder eben durch Alltagskram. Ich merke doch, es läuft nicht so gut. Also sollte ich lieber sagen: heute nicht.«

Carmen: »Ich wünsche mir manchmal, einfach zu wissen, wie's geht, das ganze Zusammen-Schlafen. Weil ich meinen eigenen Gefühlen gar nicht traue. Mir fehlt etwas, woran ich mich orientieren kann. Ich habe das nie erfahren. Wie machen es andere? Ich merke, daß ich da viele Schwierigkeiten habe, immer noch. Weil Eva gerade so erzählte, von genießen und unheimlich lange, abwechselnd geben und nehmen, [leise] ich kenn' das gar nicht.«

Eva: »Ich habe auch gesagt, daß dies der seltenere Fall ist.«

Carmen: »Ich habe, bis ich 27 war, nie mit 'nem Typen einen Orgasmus gehabt. Ich war immer so verkrampft, hatte Schmerzen. Deswegen wurde mir das so wichtig, der Orgasmus. Dann habe ich das erlebt und fand es total gut. Aber seither hat das bei mir so eine übergewichtige Funktion gekriegt, daß ich Zärtlichkeiten alleine gar nicht mehr genießen kann. Daß ein Zusammensein nur dann gut war, wenn es zum Orgasmus kam. Jetzt denke ich, das ist Quatsch. Das stellt mich unter Leistungsdruck.«

Eva: »Es ist so schwierig, die eigenen Rechte wahrzunehmen oder durchzusetzen. Gerade im sexuellen Zusammensein finde ich das schwer, mich hinzustellen und zu sagen: Nee, ich will jetzt aber noch weitermachen. Oder: Ich möchte jetzt *bitte-schön*, daß du dich auch um mich kümmerst. Wenn du das einmal machst, das ist ja schon 'ne Überwindung. Zumindest für mich. Und dann klappt's vielleicht immer noch nicht. Und irgendwann wird alles nur noch Kampf. So hab ich das erlebt. Daß ich dann wieder gesagt habe: Ach, scheiß drauf!

Allgemein fällt mir das nicht so schwer, meine Lust beim Zusammen-Schlafen zu zeigen. Ich habe eher das umgekehrte Problem, daß ich viel mehr Lust habe als die Männer. [Lachen] Aber das ist wahnsinnig: Wenn die merken, daß du drängelst und schubst, dann ziehen *sie* sich zurück. Plötzlich ist nicht mehr der Typ derjenige, der so wahnsinnig potent ist und jeden Tag will. Das habe ich schon oft beobachtet, daß dann so eine Angst einsetzt, was weiß ich, vor der ›männermordenden Frau‹, vor der ›Überfrau‹. Keine Ahnung, was das bei den Männern ist. Und in dem Moment setzen bei mir plötzlich solche Gedanken ein: Stimmt eigentlich was nicht mit dir?«

Carmen: »Ich find' das toll! – Das wünsch' ich mir auch. Wie kommt das, hast du so ein großes Bedürfnis danach?«

Eva: »Ja, mir macht das Spaß. Ich glaube, das ist mir ganz wichtig, dies Gefühl zu haben, daß ich auch aktiv bin.«

Carmen: »Ich kann mir gar nicht vorstellen, in einer Partnerschaft aktiv auf jemanden zuzugehen. Das ist ganz komisch. In der Beziehung zu Bernd war es gut, solange er Lust hatte. Wenn ich wollte, aber merkte, er hat nicht so'n Bock, dann konnte ich ihm das nicht sagen. Konnte nicht anfangen, ihn zu erregen.«

Eva: »Das kenn' ich auch. Wenn ich einmal abgewiesen worden bin, diese Gedanken: Vielleicht gehst du doch zu weit, vielleicht ist deine Lust *unnormal*. Dann ziehe ich mich erstmal zurück und traue mich nicht, den Anfang zu machen.«

Carmen: »Das ist ja die Sache, nicht fordern zu können, sich stattdessen mehr anpassen zu wollen. Ich kann einfach keine eigenen Bedürfnisse äußern. Wenn ich bei Bernd gemerkt habe, er wollte, dann bin ich darauf eingestiegen, dann hab' ich auch Lust gehabt. Hatte aber eigentlich in der Zeit *mehr* Lust als er.

Aber ich habe es nur ganz vorsichtig versucht. Wenn dann nichts kam, habe ich mich sofort zurückgezogen. Habe mich zugleich darüber geärgert und gedacht: Warum geht das eigentlich nicht, wenn *ich* will?! – Damit habe ich Schwierigkeiten, vielleicht aus Angst vor Zurückweisung. Aber sonst war die Erfahrung mit Bernd wichtig, hat mir gutgetan, zu sehen, daß es eben geht und ich noch Spaß und starke Gefühle haben kann. Ich dachte, das ist alles längst verschüttet.

Ich hatte mal einen Freund, der meinte, ich wäre frigide. Der hat mich zum Arzt geschickt. Und ich bin natürlich hingegangen, zum Psychiater. Der hat mir geraten, den Freund zu wechseln. [*Lachen*] Aber das hat mich schon geschockt damals...

Ich war eigentlich immer ein Mädchen, mit dem du machen konntest, was du wolltest, immer nur Mitläufer. Mein Analytiker meinte neulich, jeder brauche etwas, um sich zu beweisen. Bei Eva war's der Ehrgeiz in der Schule und bei mir die vielen Männer oder Jungs. Das fing in der Pubertät an. Ich habe einen ziemlich schlechten Ruf gekriegt, obwohl ich nie mit denen gepennt habe. Aber dauernd gewechselt, dauernd neue. Sobald der erste Reiz vorüber war, waren die mir unwichtig, dann lief nichts mehr. Das hat sich durch meine ganze Geschichte fortgesetzt. Ich weiß nicht, ob man wirklich was braucht, um sich hervorzuheben. Die Gefühle, die ich jetzt noch manchmal habe, die habe ich auch in der Kindheit stark gehabt, Außenseiterin zu sein und draußen zu stehen. Ich kann zwar gut mit Menschen Kontakt aufnehmen, aber es geht nie richtig tief. Männer aufreißen und mit denen pennen, das ging. Aber in 'ner richtigen Beziehung kann ich nichts geben. Da liege ich da wie ein Brett und kann keine Gefühle zulassen. Ich versuche das auszugleichen, zum Beispiel indem ich Geschenke mache. Aber das geht auf die Dauer nicht. Ist auch für mich nicht befriedigend. Dadurch stehe ich unter andauerndem Druck, bin unheimlich nervös.

Als Werner und ich gemerkt haben, daß wir solche Schwierigkeiten mit Sexualität haben, habe ich immer gesagt: Für mich ist Sex total unwichtig. Von mir aus brauchte es den gar nicht geben. Ich wollte das alles abschließen, wollte etwas ganz Reines aufbauen. Ein Wahnsinn, nicht?! Und er meinte: Du sagst immer, Sexualität sei für dich unwichtig. Aber das ist das, wovor du am meisten zurückschreckst, wovon du am meisten sprichst und worum du am meisten Theater machst. Wie kann das unwichtig sein für dich? – Da hatte er schon Recht.

Ich habe mir halt gewünscht, es müßte einen Knall geben und alles wäre in Ordnung. – Inzwischen ist es wohl anders. Aber es macht mich immer noch ziemlich verzweifelt, wenn ich merke, daß ich mich nicht fallenlassen kann.«

»Dich hindert auch die Angst vor der Nähe?«

Carmen: »Ja.«

Langes Schweigen. Carmen beginnt dann, von ihren Eltern zu erzählen: »Für meine Mutter hatte ich zärtliche Gefühle. Mit meinem Vater war das nicht möglich. Er hat's nicht zugelassen. Zu dem hätte ich das gut aufbauen können, weil ich den immer bewundert habe. Aber er, als Mann, immer auf Distanz. Vielleicht spielte, weil ich Tochter bin, der sexuelle Aspekt eine Rolle. Und von meiner Mutter hätte ich mir nichts sehnlicher gewünscht als ihre Liebe, aber die... – Ich habe einen Zwillingsbruder gehabt, der ist mit 15 an Leukämie gestorben. Und er war es, der die meiste Zuwendung gekriegt hat von meiner Mutter. Er entsprach genau ihrem Wunschbild. Da blieb mir wohl nichts anderes übrig, als eben eine Gegenposition einzunehmen. Ich habe dabei immer nur den kürzeren gezogen. Wenn ich mal zu ihr kam, hat sie mich immer kritisiert, mein Aussehen, alles. Ich nehme an, daß da schon Abwehr von mir da war. Ich habe ihre Nähe gescheut, mir gedacht: Ich will das ja gar nicht! Gute-Nacht-Kuß – will ich nicht. Anfassen – nee, laß mich in Ruhe! Habe mich in eine Ecke zurückgezogen und gelesen. Und dabei meine Phantasien spielen lassen: geträumt vom einsamen Mädchen, das andere Eltern hat. Ich war auch immer sehr fremd. Einerseits unheimlich dankbar, wenn sich mal irgendwer um mich gekümmert hat, da bin ich total eingestiegen und habe mir gewünscht, daß das meine Eltern wären. Andererseits konnte ich körperliche Nähe doch nicht ertragen.«

Eva: »Als unser Bruder gestorben war und Carmen bald aus dem Haus ging, war ich quasi ein Einzelkind. Und Mutter hat ihre ganze Liebe mir übergestülpt. Ich habe meine Mutter heiß und innig geliebt, wir hatten auch viel Hautkontakt, haben viel geschmust. Dafür habe ich sie auch geliebt. Und immer versucht, dem Bild zu entsprechen, das sie gerne von mir gehabt hätte. Das hat allerdings nie hingehauen, weil sie so hohe Ansprüche hatte. Die konnte ich nicht erfüllen, das ging gar nicht.«

Carmen: »Ich habe mich da rausgezogen. Ich hätte das nicht aushalten können. Ich hatte immer das Gefühl, daß meine Mutter lieber gehabt hätte, wenn ich – und nicht mein Bruder – gestorben wäre. Ich hatte mir über Jahre hinweg eingeredet, daß sie das tatsächlich gesagt hätte. Wahrscheinlich war das gar nicht so. Aber ich hatte ständig das Gefühl: Ich bin die, die immer alles falsch macht. Das hältst du nicht aus. Knapp zwei Jahre habe ich das durchgestanden, in der Zeit auch einen Selbstmordversuch gemacht, war vollkommen fertig. Und bin dann weg.«

Eva: »Da war ja auch was dran. Ich kann mich gut an einen Satz von Mutter erinnern: Werd' bloß nicht so wie die Carmen. Das hat die oft gesagt.«

Carmen: »Bis vor etwa drei Jahren hat mir das immer noch so einen Stich versetzt, wenn Eva mit den Eltern geschmust hat. Ich konnte es aber nicht äußern, ich konnt's vor mir selber nicht zugeben. Habe erst ganz allmählich herausgefunden, daß ich eifersüchtig bin und mir nichts sehnlicher wünsche, als jetzt an ihrer Stelle zu sitzen. Habe früher auch alles Sentimentale abgelehnt. Obwohl ich für mich alleine manchmal schon so war. Aber nach außen hin: immer die Powerfrau. Ich war diejenige, die Leute ins Lokal gezogen hat, die Jungs angemacht hat, bloß nicht mal 'ne schwache Seite zeigen. Das hat sich, nachdem ich von Zuhause weggezogen bin und die Männersachen dazukamen, nicht mehr halten lassen. Am Anfang kannst du so 'ne Rolle aufrechterhalten. Sobald es tiefer wurde und länger ging, kamen die Probleme. Wenn mich ein Mann schwach gesehen hatte, dann wußte ich überhaupt nicht, wie ich damit umgehen sollte. Das habe ich auch abgelehnt, weil unsere Mutter so ein Typ ist: immer die Schwache, immer unterm Mann. Sie lief immer deprimiert durch die Gegend, immer kränklich, irgendwas hat sie immer gehabt, geheult. Das habe ich verachtet, dachte: So wirst du nie! Dabei habe ich das übernommen, habe das auch in mir drinnen. Und ich setze es auch ein, als Druckmittel, wenn ich etwas nicht erreiche.

In der ganzen Zeit, als ich noch getrunken habe, habe ich ein Bild von mir gehabt, wie ich gerne sein wollte, stark und überlegen. So, habe ich gedacht, *bin ich*. Ich konnte mir meine vielen Schwierigkeiten nicht erklären, wußte nicht, warum ich so oft traurig und deprimiert war. Ich habe in der Zeit mehrere Selbstmordversuche gemacht und konnte mir nie erklären, warum. Erst jetzt komme ich langsam dahinter, daß ich mir damals ein Bild von mir vorgemacht habe. Daß ich *mich* in meinem Innern überhaupt nicht gefunden hatte.

Hatte ich getrunken, dann ging es, dann konnte ich auch mit Männern schlafen. Dann war ich die Schwester, die über allem stand. Ich habe dann keine Schwächen gezeigt. Nur wenn ich zuviel getrunken hatte, kamen die Zusammenbrüche. Dann habe ich mich am nächsten Tag geschämt. Und wieder getrunken. Das haben aber nur wenige Leute mitgekriegt, diese Heulausbrüche. Ich muß wohl ziemlich perfekt gewesen sein, nach außen. Über meinen ersten Selbstmordversuch haben die Eltern nicht mal geredet. Die haben einen Arzt geholt, der hat mir den Magen ausgepumpt. Und dann wurde es schön untern Tisch gekehrt. Das war wie ein Makel. Wurde nicht drüber geredet. Wurde auch nicht gefragt, warum. Doch, gefragt haben sie. Aber ich konnt's ja selber nicht erklären.«

Eva: »Nach ihrem zweiten Selbstmordversuch, da kann ich mich gut dran erinnern, wie entsetzt ich war, von Mutter zu hören: Wie kann sie *uns* so was antun! Statt zu fragen, was da eigentlich läuft.«

Carmen: »Ich kann mir die Gefühle immer noch nicht ganz zugestehen, wenn das wieder hochkommt. Auch nicht die Traurigkeit, die ich gehabt hab' deswegen...

In der Analyse war es ganz wichtig, daß der Therapeut *nur*

Zeit für mich hatte und *nichts kritisiert* hat. Anfangs wollte ich die Therapie abbrechen, unter anderem, weil der Analytiker meine Eltern mit reinbringen wollte. Lassen Sie doch meine Eltern aus dem Spiel, habe ich gesagt, die haben nichts damit zu tun! Es geht nur um mich.«

Wir sprechen über die Beziehungsformen unserer Elterngeneration, wie prägend deren Muster waren, zum Beispiel auch die erlebte Doppelmoral.

Carmen: »Manchmal, wenn's mir ganz mies geht, wünsche ich mir tatsächlich: Jetzt Kinder kriegen und Hausfrau sein, und weiter gar nichts. Ich habe Sex bei meinen Eltern nie gesehen. Das ist wahrscheinlich auch in meinem Kopf drinnen: Dann hätte ich das Problem nicht! – Mit einem Freund habe ich das sogar probiert: Hausmütterchen gespielt und richtig versucht, mich in die Rolle zu finden. Ich dachte, es geht mir dann besser. Es ging ein halbes Jahr, dann war ich wieder voll drauf, mit Saufen. Es war nicht ich, die das gemacht hat, das war nur eine Rolle, die ich versucht habe. Nach meinem letzten Selbstmordversuch habe ich nochmal bei meinen Eltern gewohnt. Mit dem festen Vorsatz: Ich will ein anständiges Mädchen sein. Auch das ist total in die Hose gegangen. Ich habe über meine Eltern nie nachgedacht, habe die bis dahin immer noch verteidigt. Auch das ist wahrscheinlich so ein Bild, das man von den Eltern in Erinnerung hat. Und ich habe die ganze Zeit immer das Bild aufrechterhalten: daß ich mit meinen Eltern gut klarkomme, daß sie gute Eltern sind, offen und tolerant. Von daher wollte ich denen auch nacheifern.
Aber einiges hat sich bei mir schon verändert. Ich kann jetzt immerhin sagen: Ich will nicht, wenn ich keine Lust habe, mit Werner zu schlafen. Früher habe ich immer Kopfschmerzen, Bauchschmerzen oder sonstwas produziert. Oder ich wurde total müde. Das war aber alles wirklich da.«

Eva: »Zu unseren Eltern fällt mir noch ein, daß die ja auch Pornofilme gucken. Obwohl Mutter das nicht richtig findet.«

Carmen: »Das wäre genau das, was ich mir auch von mir vorstellen könnte. Ganz genau so: daß ich mir das angucken würde mit Werner, es aber gleichzeitig in den Schmutz ziehen und runtermachen müßte. Das ist merkwürdig.«

Eva: »Sie macht das ja alles mit, zum Beispiel wenn Vater ihr ein Negligée oder ein tolles Kleid mit weitem Ausschnitt kaufen will. Auch wenn sie sich darin nicht heimisch fühlt, sie macht mit.«

Carmen: »Dasselbe habe ich auch gemacht. So mit Minirock. Damals hat mich der Ulf eingekleidet. – Habe ich mitgemacht, obwohl das überhaupt nicht mein Stil war. Wie eine Maschine, die läuft: Du hörst es und machst es, ohne daß du da irgendwie drüber nachdenkst. Und dabei ist dir das so unangenehm.«

Eva erinnert die Schwester an alte Fotos, aufgenommen während einer ausgelassenen Party auf einer Urlaubsreise, eine Serie von Fotos, auf denen die Mutter nach und nach immer weniger anhat.

Carmen: »Die waren mir immer äußerst peinlich, diese Fotos. Die habe ich immer ganz schnell weggeblättert. Aber auch das sehe ich in mir wieder. Ich habe manchmal Zeiten, in denen ich äußerst kokett bin, den Mann anmache und mich dann auch so produziere. Zum Beispiel, indem ich mich auf eine bestimmte Art vor den Spiegel stelle und betrachte. Aber wehe, der berührt mich! Dem würde ich sofort eine scheuern. Das ist für mich wie eine Verletzung. Aber von was, das weiß ich nicht. Ich rede mir ein: Ich will den ja gar nicht anmachen. Und das ist ganz klar Anmache.

Dieses ganze Verhalten, was unsere Mutter drauf hat, ist oft so widersprüchlich. Das habe ich übernommen, aber unbewußt. Ich *konnte* auch nie dazu stehen, weil ich es nicht gemerkt habe. Die Reaktionen der Männer oder anderer Leute darauf, die waren von daher eigentlich verständlich. Nur mir nicht, ich konnte es für mich selber nicht sehen. Deswegen war ich da auch immer so enttäuscht, manchmal auch sauer. Und habe mich verteidigt.

Heute kriege ich es schon mit, wenn ich so etwas abziehe. Kann dann auch versuchen, was anderes draus zu machen. Ich bin so nicht, habe ich immer gemeint. Das ist eine Seite, die ich

vollkommen ablehne bei mir. Deswegen mußte ich wahrscheinlich den anderen dafür bestrafen. Und habe mich im
Endeffekt selbst bestraft. Denn ich habe den ganzen Ärger
gekriegt. Hätte mir das einer vor zwei, drei Jahren erzählt, ich
hätte es abgestritten.

Das passiert mir immer in Zeiten, in denen es mir nicht so gut
geht. Das sind auch die Zeiten, in denen ich Phantasien habe.
Letztens hat der Werner ein paar Pornos gekauft und gefragt,
ob wir die gucken wollen. Oh, ich hab' den fertiggemacht. Zur
Sau gemacht habe ich ihn. Einfach, weil er das gesagt hat. In
dem Moment habe ich mich unheimlich gekränkt und verletzt
gefühlt. Obwohl ich vielleicht sogar drauf eingegangen wäre.
Aber das hätte nicht gepaßt zu mir, zu dem reinen Bild, das ich
von mir habe.«

*Wir kommen auf kindliche Phantasien und erste sexuelle
Erfahrungen zu sprechen.*
Carmen: »Mir hat ein Mädchen auf einer Kinderfreizeit das
Küssen beigebracht. Im nachhinein fand ich das schlimm.
Dann habe ich meine Erfahrungen an einen Jungen weitergege-
ben, der hinter mir her war. Das war so scheußlich, so ekelig.
Ich konnte den hinterher nicht mehr angucken. Nur das eine
Mal, aber es war mir unheimlich peinlich. Der war auch noch
in der gleichen Schule, ich habe immer einen Bogen gemacht,
wenn ich den gesehen habe. Das hat mich noch jahrelang
verfolgt. Das mit dem Mädchen auch. So was macht man nicht,
nur weg, bloß nicht dran denken. Dabei war das mit ihr
eigentlich ganz schön gewesen.«
»Solche Wertungen haben dich stark beeinflußt?«
Carmen: »Ja. Ich habe immer ein schlechtes Gewissen
gehabt. Das war für mich etwas Schmutziges, nichts Schönes,
nichts Erlaubtes. Etwas, was man eigentlich nicht macht. Die
Betreuerin da hat erzählt, daß man vom Küssen Kinder kriegt.
Ich habe das geglaubt. Noch ein oder zwei Jahre danach habe
ich mich nicht getraut, jemanden zu küssen. Ich hätte einen
Jungen eher an meine Möse fassen lassen, als mich küssen zu
lassen. So was setzen die dir in den Kopf! Bis 15 habe ich immer

den Kopf weggedreht, mache das auch manchmal heute noch. Aber ruhig unten rumfummeln lassen. Diese Tante da, die habe ich vergöttert. Vielleicht habe ich deswegen auch alles so aufgenommen. Auch die Tage kriegen, alles, was mit Sexualität zu tun hat, das ist alles was Schlechtes und Scheußliches gewesen.«

Eva: »Wir sind zu Hause ja überhaupt nicht aufgeklärt worden, selbst Menstruation war ein zu peinliches Thema. Ich erinnere mich, daß in unserer Küche so ein Sechsmonatskalender hing, und da waren alle vier Wochen fünf Kreuzchen eingezeichnet. Irgendwann hatte ich beim Mittagessen gefragt: Was sollen denn eigentlich die Kreuzchen da bedeuten? Vater und Mutter haben sich so angeguckt: Tjaa – Vater guckt weg. Und Mutter sagt: Ja, da bezahle ich immer den Bäcker. Da habe ich gedacht: Spinnt die? Ich wußte doch genau, daß sie nicht an fünf aufeinanderfolgenden Tagen den Bäcker bezahlt. Aber ich merkte auch deutlich: Es war keine weitere Frage erlaubt. Das kam mir schon komisch vor. Und ich wußte, ich hatte mal wieder an etwas gerührt, das tabu war.«

Wir sprechen über Möglichkeiten, mit Männern über Sexualität und sexuelle Phantasien zu reden.

Eva: »Mit meinem ersten Freund habe ich viel darüber geredet. Wir sind gemeinsam auf Entdeckungsreise gegangen, haben auch darüber gesprochen, was wir gerne haben, uns gegenseitig Tagträume erzählt. Zwischen uns herrschte Unbefangenheit und Offenheit, das war phantastisch.

Peer kam damit überhaupt nicht klar, der hat mit Entsetzen reagiert am Anfang. Mit Abwehr, daß ich so ohne weiteres darüber sprach. Puh, der wurde total aggressiv. Und da war ich geschockt, *total* geschockt. Da hab' ich dann Stück für Stück alles wieder verlernt, meine ganze Offenheit. Ja, verlernt.«

Carmen: »Ich konnte mich früher nie streiten oder wehren. Erst jetzt habe ich gemerkt, daß ich dagegen angehen kann, wenn mich etwas ärgert oder kränkt. Die Kraft dazu habe ich früher nie gehabt. Wir durften auch nie heulen, Vater hat dann gesagt: Wehe, du heulst! Dann hast du auch noch versucht, das

Weinen zu unterdrücken, dich ganz klein zu machen, ganz still zu sein, damit er dich vergißt und du in Ruhe gelassen wirst. Das steckt eben tief drin, daß du dich sofort zusammenkauerst.«

Obwohl wir über masochistische Phantasien sprechen wollten, scheint es zu Anfang des Gesprächs, als ob Carmen sich davon gar nicht betroffen fühlt. Doch differenziert sich dieser Eindruck, Carmen deutet demütigende sexuelle Erfahrungen an, die widerstreitende Gefühle in ihr ausgelöst haben, spricht von Erinnerungen und Phantasien, die mit eigener moralischer Verunsicherung einhergehen und macht uns das harte Ringen um Aufarbeitung nachvollziehbar.

Carmens Schilderungen scheinen häufig verschwommen, widersprüchlich und verwirrend. Vermutlich drückt sich darin ihre eigene Unsicherheit und Ambivalenz aus in bezug auf alles, was Sexualität betrifft. Es fällt ihr schwer, überhaupt über das Thema zu reden und genau zu benennen, was für sie problematisch und belastend ist. Sie erlebte alles Sexuelle schuldhaft, jegliche Regung eigener Lustgefühle war mit einem schlechten Gewissen gekoppelt. Zum Zeitpunkt des Gesprächs hat Carmen bereits damit begonnen, eigene Beschädigungen zu erkennen und zu bewältigen; die Anstrengung dieses Prozesses wird im Gespräch spürbar. Carmen selbst zieht Verbindungslinien zwischen ihren Problemen in der Sexualität und ihren kindlichen Gefühlen gegenüber den Eltern, dem Umgang miteinander im Elternhaus und dem sexuellen Nicht-Wissen als Kind und Jugendliche. Vorherrschend sind Gefühle des Mangels: Einsamkeit, Traurigkeit, Unverstandensein. In ihrer Biographie gibt es mehrfach Parallelen zu Julias Erzählung: Beiden fehlen Vertrauen, Geborgenheit und Anerkennung durch die Eltern, die Fremdheit drückt sich bei Carmen auch in völlig fehlenden körperlichen Berührungen aus. Sie verschließt sich, zieht sich in Traumwelten zurück. Sowohl Julia als auch Carmen fühlen sich in ihrer Schulzeit als Außenseiter, haben keine festen Freundschaften und suchen Bestätigung darüber, daß Jungen sich für sie interessieren. Sie lassen sich früh auf sexuelle Erlebnisse ein, ohne dabei auf ihre eigenen Bedürfnisse zu achten. Diese Beziehungen basieren nicht auf gegenseitiger Aufmerksamkeit und Achtung.

Wie bei Julia sind auch bei Carmen die Drohungen, mit denen Sexualität durch Eltern oder Erzieher belegt werden, besonders kraß, irrational und angsterzeugend: vom Küssen bekäme frau Kinder, das Streicheln der eigenen Brust führe zu Krebs.

Was Carmen erzählt, läßt uns ahnen, warum es für sie so schwierig ist, zu einer positiven sexuellen Identität zu finden, das heißt: ihre Sehnsüchte und Lüste selbstbestimmt und frei von Ängsten, Hemmungen und Scham zu erleben und am eigenen Begehren auszurichten.

Carmens Kindheitserfahrungen haben aus der Versagung von Nähe und Vertrautheit eine tiefe Angst vor diesen Gefühlen werden lassen: Angst, empfindsam und verletzbar, von eigenen Gefühlen überrollt zu werden, wenn sie diesen nachgibt. Sie braucht die Grenzziehung zwischen sich und dem anderen als Schutz, nur in der Einsamkeit fühlt sie sich vor Verwundung sicher. Sollte eine sich fallenlassen können, ohne die Erfahrung zu kennen, getragen zu werden?

Lange Zeit überspielt Carmen die eigene Traurigkeit und Verletztheit vor sich und anderen mit demonstrativer Ausgelassenheit und Souveränität in einer Art Flucht nach vorne. Zunehmend verliert sie dabei das Gefühl für sich selbst, flüchtet von einer Beziehung in die nächste. Immer wieder bringt sie sich in Situationen, die sie im nachhinein als erniedrigend empfindet, die zu Gewissenskonflikten führen und nicht im Einklang damit stehen, wie sie eigentlich sein will. Neben den bereits angedeuteten Zusammenhängen, die zu Carmens problematischer Partnerwahl und ihrer sexuellen Verunsicherung beitragen, zeigen sich in den von ihr geschilderten Selbstvorwürfen allerdings auch die verheerenden Auswirkungen ihrer völlig überhöhten Moralvorstellungen: Schuldgefühle überfallen sie, wenn sie einmal nicht in der ›normalen‹ Stellung mit einem Mann schläft; lange Zeit bekommt sie auch dann ein schlechtes Gewissen, wenn sie sich bei der Selbstbefriedigung an schöne Augenblicke mit einem Mann erinnert.

Bereits als Jugendliche distanziert Carmen sich völlig von ihren Eltern – und bleibt dennoch deren Werten und ihrem Urteil viel stärker verhaftet als die jüngere Schwester. So wird es für sie ein harter Kampf, zwischen der demonstrierten Protest- und Verweigerungshaltung und der völligen Hingabe an die elterliche Ordnung eine eigene Balance zu finden.

So wie Carmen ihre Beziehungen schildert, ist sie nicht nur willenloses Geschöpf in den Händen brutaler Männer: Sie findet innerhalb dieser Konstellation auch Möglichkeiten, Lust zu erleben. Die Frage stellt sich, warum sie in der dargestellten Lebensphase Lust nur auf eine Art zulassen kann, die Gefühle von Scham und tiefer Verzweiflung zur Folge hat. Eine Erklärung könnte darin liegen, daß bei ihr der Konflikt zwischen sexuellem Begehren und innerem moralischen Verbot besonders groß ist. Ein Konflikt, der ihr selbst bewußt zu werden beginnt. Deshalb müssen die Mittel, mit denen sie sich Sexualität doch noch erlauben kann – Alkoholismus und ein brutaler Partner –, so drastisch und gewaltvoll sein. Dadurch kann sie sich, wenigstens in der Situation selbst, von Hemmungen und Schuldgefühlen wegen ihrer sexuellen Wünsche frei machen, da sie der Verantwortung für das eigene Tun enthoben ist.

Carmens Tendenz, sich rücksichtslosen Männern völlig auszuliefern, ähnelt Julias Pubertätserfahrungen. Vielleicht stellt dieser Weg bei beiden einen Versuch dar, die inneren Ängste zu ›überwinden‹, indem sie sich genau solchen Männern zuwenden, die diese – und mit ihnen auch alle anderen Unsicherheiten, aber auch Wünsche und Hoffnungen – übergehen.

Eva hatte zu ihren Eltern ein vertrauteres, weit weniger belastetes Verhältnis, fühlte sich von der Mutter zärtlich geliebt und anerkannt. Auch verhielten sich die Eltern in ihrer Erziehung generell toleranter und waren freizügiger, als Eva erste Beziehungen zu Jungen einging. So konnte sie sich selbstbewußt, und ohne durch tiefe Schuldgefühle gehemmt und behindert zu werden, der Entdeckung ihrer Sexualität zuwenden.

Michelle: »...weil ich nur das Totale will.«

Michelle: »Ich hatte schon als Kind, so mit sieben, acht Jahren, masochistische Phantasien, die ich mir dann verboten habe, weil ich merkte, daß da irgend etwas nicht okay war – diese brutalen Bilder paßten nicht zu den schönen Gefühlen, die ich durch sie bekam. Ich habe meine Phantasien also damals schon so quasi zensiert.«

»Was glaubst du, womit hing dieses frühe Auftreten der Phantasien zusammen?«

Michelle: »Da sehe ich schon Auswirkungen meines Elternhauses, in dem ich mit viel Gewalt konfrontiert wurde. Die Atmosphäre war geprägt durch meinen Vater, der dominierenden Figur. Was er sagte, wurde gemacht. Alle unterlagen seinem Oberbefehl. Ich hatte immer Angst vor den Tagen, an denen er zu Hause war, vor allem vor den Wochenenden, weil er so ein Choleriker war. Ich konnte nie einschätzen, wie er auf mich reagieren würde, wenn ich irgend etwas falsch gemacht hatte. Er konnte über die gleichen Sachen lachen oder total ausrasten, mir ein paar scheuern oder mich schlagen. Ich bin sehr viel von ihm geschlagen worden.«

»Hattest du diese Angst von klein auf?«

Michelle: »Als ganz kleines Kind kann ich mich an reale Angstsituationen nicht erinnern. Nur an einen Traum, da war ich vielleicht vier Jahre alt, wo mein Vater mich mit einem Schwert in Stücke haut. Danach konnte ich ihm ganz lange nicht mehr ins Gesicht sehen, mich auch nicht von ihm anfassen lassen. Aber mit Ausnahme von dieser Zeit habe ich ihn damals, bis ich fünf Jahre alt war, als sehr schmusig und zärtlich erlebt. Die Zeit der Schläge kam danach.«

»War diesem Traum irgendein einschneidendes Erlebnis vorausgegangen?«

Michelle: »Nein, oder ich weiß es nicht mehr. Ich glaube, er kam mehr aus dem Nichts – darum bin ich damit vielleicht auch überhaupt nicht fertiggeworden. Plötzlich ein Traum, der mein ganzes Vaterbild zum Einstürzen brachte. Ich habe das Ganze als furchtbar grausam und zerstörend erlebt; und – ich konnte es niemandem erzählen.«

»Und wie war dein Verhältnis zu deiner Mutter?«

Michelle: »Meine Mutter. [langes Zögern] An meine Mutter habe ich für diesen Zeitraum wenig Erinnerungen. Ich weiß nur noch, daß sie mir einmal unheimlich eine gescheuert hat, weil ich aus dem Kindergarten nicht gleich nach Hause gekommen bin. Da habe ich sie als richtige Bedrohung erlebt. Und als eine Person, die auch mal eigenständig, aus sich heraus etwas mit mir machen kann. Nicht nur vermittelt über meinen Vater.«

»Wie hat sie dich denn sonst zurechtgewiesen?«

Michelle: »Immer nur über meinen Vater. Sie hat ihm erzählt, was ich gemacht hatte, und er hat mich dann bestraft. Ich war ein sehr widerspenstiges Kind. Wenn alles stimmte, ganz lieb. Aber wenn meine Mutter etwas machen wollte, das ich nicht wollte, habe ich geschrien, bis ich keine Luft mehr gekriegt habe. Ich bekam einen knallroten Kopf und hab' immer noch weiter geschrien. Bis ich nicht mehr tun mußte, was ich tun sollte. Auch wegen kleiner Sachen konnte ich richtig durchdrehen.

Hauptsächlich habe ich meine Mutter als Kapituliererin erlebt. Als eine, die mich nie beschützt hat vor den Schlägen meines Vaters. Dabei habe ich mir immer gewünscht, daß sie das tun würde. Wahrscheinlich hatte sie viel zuviel Angst, selber von ihm vertrümmert zu werden, als daß sie mich hätte beschützen können. Ich habe sie dafür verachtet, daß sie mir keine Sicherheit geben konnte. Dieses Gefühl konnte mir mein Vater schon eher geben, trotz aller Zwiespältigkeiten. Er war halt eine richtige Persönlichkeit, und ich habe ihn geliebt für die Momente, wo er mit mir gespielt und geschmust hat. Und ich habe ihn gehaßt für die Situationen, in denen er mich verprügelt hat. Meine Mutter ist eher eine unschmusige Frau, die ihr Kind eben nicht in den Arm nimmt und knutscht und drückt, sondern ihre Zärtlichkeit und Liebe nur in ganz, ganz kleinen Gesten ausdrückt. Die habe ich damals aber gar nicht als solche erkannt. Sie haben mir zumindest nicht gereicht.«

»Und wie siehst du deine Mutter heute für diese Zeit?«

Michelle: »Ich glaube, daß die Verachtung ganz schön tief sitzt, nur zeige ich sie nicht mehr. Auf der anderen Seite kann ich meine Mutter heute auch für viele Sachen lieben, weil ich jetzt ihre Art, mir Liebe zu zeigen, verstanden habe, auch wenn es eine ganz andere ist, als ich sie mir damals gewünscht habe. Aber dafür, daß sie mir als kleinem Kind nicht geholfen hat, verachte ich sie heute noch.

Ich habe immer viel um Anerkennung gekämpft. Diese Kämpfe habe ich nur mit Männern ausgefochten, nie mit Frauen. Das liegt bestimmt auch in dieser ablehnenden Haltung meiner Mutter gegenüber begründet; ein Gefühl: Mit Frauen brauchst du dich erst gar nicht auseinanderzusetzen, die sind eh alle schwach und geben schnell auf. Eben wie meine Mutter. Mit Männern lohnt es sich zu kämpfen, da ist ein Sieg ein wirklicher. Darüber habe ich mich lange Zeit definiert: mit welchen Männern ich wie kämpfen und wie ich sie besiegen konnte, ob es nun ein Lehrer war oder sonst irgendeine Autorität.«

»Wie hast du als Kind die Beziehung zwischen deinen Eltern erlebt?«

Michelle: »Über Zeiten, in denen sie sich gut verstanden haben, weiß ich eigentlich gar nichts. Ich kann mich auch kaum an Zärtlichkeiten zwischen ihnen erinnern. Meine Mutter war außerdem eine sehr lustfeindliche Frau. Zummindest hatte sie keinen Spaß an Sexualität mit meinem Vater und hat ihn auch immer abgewehrt, wenn er mit ihr schmusen oder sie küssen wollte. Streit und Wutausbrüche, das weiß ich alles noch. Daß mein Vater total explosiv war. Daß er meiner Mutter Gegenstände an den Kopf geworfen hat, ob es eine Milchdose war oder sonstwas. Meine Mutter hat bloß geheult, gewehrt hat sie sich nicht, nur geheult. Sie hat sich eingeschlossen, damit ich das nicht mitbekomme.

Also, mein Vater war in allen Dingen der Stärkere, hat sich immer durchgesetzt. Vielleicht wollte ich auch deshalb früher unbedingt ein Junge sein, ich war auch nur mit Jungen zusammen; meine ersten Mädchenfreundschaften habe ich erst in der Schule geschlossen.«

»Solltest du ein Sohn werden?«

Michelle: »Ja, stimmt. Mein Vater hat sich einen Jungen gewünscht. Und ich wollte sogar Michael heißen – wie mein Vater; habe mich auch von allen so rufen lassen. Wenn jemand mich Michelle genannt hat, hab' ich einen Tobsuchtsanfall bekommen.«

»Was war sonst noch wichtig für deine Kindheit?«

Michelle: »Ich habe häufig Stimmen gehört, so als ob meine Eltern sich furchtbar streiten würden. Ich konnte das nur abstellen, indem ich aus der Wohnung gelaufen bin – draußen waren die Stimmen weg. Das hatte ich häufiger als Kind, so mit sieben, acht Jahren, aber auch in der Pubertät. Jetzt tritt das nur noch ganz selten auf, unter totaler nervlicher Anspannung, zum Beispiel bei sehr großem Beziehungsstreß.«

»Hat sich die Beziehung zu deinen Eltern während der Pubertät verändert?«

Michelle: »Mit sechzehn bin ich von Zuhause weggezogen, in eine Wohngemeinschaft. Wir versuchten, die 68er Ideen zu verwirklichen. Na ja, der Versuch ging schief, und ich bin wieder zu meinen Eltern zurückgekehrt. Dort fing allmählich jeder an, seine eigenen Wege zu gehen. Wir hatten wenig Kontakt zueinander, und so, wie mich kaum etwas an meinen Eltern interessierte, so wußten sie nichts von mir.

Ich bewegte mich dann in zwei völlig verschiedenen Szenen: einmal die Mädchenclique aus der Schule, und auf der anderen Seite trieb ich mich ziemlich viel im Kleinkriminellen-Milieu herum. Da lernte ich auch Ralf kennen, mit dem ich eine ganze Zeit zusammenblieb. Es war ein riesiger Bruch nach der WG-Geschichte, weil er von mir verlangte, ich sollte wie eine richtige Frau aussehen und mich auch so benehmen; nicht in Jeans und Turnschuhen, sondern in Rock und Stöckelschühchen herumlaufen. Das habe ich erst mitgemacht, allerdings ziemlich halbherzig. Bis ich dann kapiert habe, daß das *überhaupt nichts* mit mir zu tun hatte, daß für mich ganz andere Sachen wichtig waren. Ich habe mich von ihm getrennt und bin zur Schulclique zurückgekehrt.«

»Welche Bedeutung hatte die Clique für dich?«

Michelle: »Das sehe ich heute sehr zwiespältig. In der Clique gab es ungeschriebene Gesetze: Wer besonders toll ist und wer die Clique führen darf, ist die, die den tollsten Typen hat und auch schon mit dem gepennt hat. Diese Normgebung fing schon mit 13, 14 an. Wir haben uns dem *völlig* unterworfen, jede hat das Programm für sich durchgezogen. Heute weiß ich, daß es unehrlich war, was wir gemacht haben. Wir konnten später darüber reden. Dabei kam heraus, daß jede unheimlich viel Frust hatte dabei, diesen Normen gerecht zu werden. Aber damals haben wir immer gesagt, alles liefe irre toll und supergut. Wir haben uns gegenseitig etwas vorgespielt.

Rauchen, Lungenzüge können, Che Guevara, Lou Reed und ein Freund, der kiffte und außerdem noch gut Gitarre spielen konnte – das zählte.

Mit 16, 17 gab es eine Veränderung. Das war die Zeit, in der jede einen Studi-Freund hatte. Das war nämlich das nächste Nahziel: Der Freund mußte älter sein, mehr Erfahrung haben und größeren Durchblick.«

»Wie waren denn deine ersten sexuellen Erfahrungen mit Männern?«

Michelle: »So indirekt habe ich schon auf Druck der Clique zum ersten Mal mit einem Jungen geschlafen, da war ich 13. Das galt eben auch als Statussymbol. Und der Stefan war auch anerkannt als ›toller Typ‹. Alle fanden, daß er phantastisch aussah. Für mich war klar, ich würde auch mit ihm pennen. Das gehörte einfach dazu. Ohne das Gefühl zu haben, daß ich auch wirklich will. Er war mehr wie ein Bruder für mich; ich empfand sehr viel Zärtlichkeit für ihn, aber nichts Sexuelles. Entsprechend war auch die Erfahrung vom ›ersten Mal‹. Es hat mich nicht besonders angemacht, ich fand es aber auch nicht ekelig, und doll wehgetan hat es auch nicht. Ich hatte hinterher kein schlechtes Gefühl, aber es hat alles Mitreißende, Ausflippende gefehlt. Es war wie: der Lauf der Dinge, jetzt kommt eben *der* Punkt. Danach habe ich gedacht: Jetzt bin ich eine

Frau, eine richtige Frau. Das war irgendwie ein Triumphgefühl. Ich habe auch gedacht, daß mir das jeder ansehen muß, weil ich jetzt besonders doll strahle. Hauptsächlich sollten es natürlich meine Freundinnen sofort sehen. Einen Orgasmus habe ich nicht gehabt, habe ich nie mit ihm gehabt.«

»Aber du wußtest schon, was das ist?«

Michelle: »Ja, vom Onanieren. [Pause] In der Clique haben wir nie darüber geredet; nie gefragt: Hast du denn auch einen Orgasmus gehabt, oder so. Ich habe das wahrscheinlich auch gar nicht erwartet, Sexualität war mir nicht wichtig in dieser Zeit. Zumindest habe ich überhaupt keine Erinnerung daran, wie ich mir damals Sexualität gewünscht hätte, ob ich mir darüber irgendwelche Vorstellungen gemacht habe.«

»Du hattest also auch keine sexuellen Phantasien oder erotischen Tagträume?«

Michelle: »Zu der Zeit, nein. Bis ich 10 Jahre alt war, habe ich viel onaniert, immer mit masochistischen Phantasien, zum Teil extrem gewaltvollen. Zum Beispiel habe ich mir vorgestellt, Sklavin eines riesigen, schwarzen Königs zu sein. Ich mußte vor ihm nackt auf dem Boden rumrutschen, manchmal auch gefesselt, und wurde dabei ausgepeitscht. Solche Sachen. Dann wollte ich das nicht mehr. In mir entstand so ein halbbewußter Entschluß: Mit solchen Phantasien – nein! Ich konnte das nicht mehr aushalten, daß ich mich so demütigen und so erniedrigen lasse und daß ich dabei Lust empfand. Das habe ich nicht mehr mit mir vereinbaren können und mir deshalb das Onanieren verboten. Es gab allerdings einen Zwischenschritt. Ich habe nämlich versucht, mir mit schönen Phantasien Lust zu machen. Aber das hat überhaupt nicht funktioniert. Als ich mit Stefan zusammen war, habe ich gar nicht onaniert. Wenn ich mit ihm geschlafen habe, hatte ich auch keine Phantasien. [*Pause*] Das Gefühl, daß etwas nicht stimmt mit diesen Phantasien, das habe ich schon als Kind gehabt, habe aber trotzdem weiteronaniert. In dem Moment des Orgasmus waren die Bilder weg. Und sofort danach habe ich mich dafür geschämt. Mit einem *ganz* komischen Gefühl im Bauch, so ein Druckgefühl: daß es nicht richtig ist, was ich mache. Daß es schöne Bilder sein müssen. Als ich es später richtig begriffen habe, was ich mir da vorstellte, und merkte, daß mich andere Phantasien kein bißchen aufregen, da habe ich mir voller Scham und Wut verboten zu onanieren.

Bis ich schließlich das Buch von Anja Meulenbelt, *Für uns selbst,* gelesen habe. Obwohl ich danach auch wieder totale Selbstzweifel bekam, weil dort gesagt wird: Onanie ist überhaupt das Tollste, beim Onanieren erlebt frau die schönsten Orgasmen usw. Ich dachte, bei mir würde irgend etwas nicht stimmen, weil ich das nicht so empfand. Ich wollte das zuerst wirklich trainieren, jeden Tag eine Übung in Selbstbefriedigung. Aber nach einigem Überlegen und auch Probieren fand ich das doch albern, mich einem solchen feministischen Druck auszusetzen.«

»Als du dir die Phantasien verboten hattest, sind sie nicht trotzdem immer mal wieder in deinem Kopf aufgetaucht?«

Michelle: »Eine Zeitlang habe ich sie völlig verdrängt. Erst mit 17 Jahren sind sie wieder hochgekommen. Gleichzeitig auch die Scham und der Wunsch, alles ganz schnell wieder zu vergessen. Weil das mit dem Vergessen einfach nicht funktionierte, habe ich zum ersten Mal überlegt, wofür diese Phantasien stehen könnten. Sie mußten ein Stück von mir repräsentieren, schließlich hatte *ich* sie mir ausgedacht und niemand sonst. Ich folgerte für mich: Wenn sie ein Stück von mir sind, dann auch heute noch, denn ich habe sie ja nicht durch andere, schönere Phantasien ersetzt, sondern sie mir einfach nur verboten. Und das hat mir ganz schön zu schaffen gemacht. Ich denke, die Art der Phantasien hat viel damit zu tun, wie es einem sonst geht: ob man sich frei und selbstbewußt fühlt oder sich eher den Wünschen anderer unterordnet. Mich machen masochistische Phantasien heute nicht mehr an, weil ich mich verändert habe und auch meine Sexualität jetzt anders lebe als früher. Ich kenne meine eigenen Bedürfnisse und kann sie auch einem Mann gegenüber vertreten und durchsetzen.«

»Was für Phantasien hast du heute?«

Michelle: »Die Sachen, die ich jetzt erotisch finde, sind immer total ekstatische, ausgeflippte Situationen. Solche, in denen es keinen Alltag mehr gibt, wo der völlig ausgeblendet ist.«

»Könntest du so eine Phantasie beschreiben?«

Michelle überlegt lange. »Das ist gar nicht so einfach. Es kommen immer bestimmte Momente darin vor: Zeit- und Raumlosigkeit, ein Spielen mit der Schmerzgrenze, ein Austaxieren, wo Schmerz noch Lust macht und wo nicht mehr. Ich glaube auch, daß Schmerz zu wirklich tiefer Lust gehört, zu einer Lust, in der man alle Grenzen hinter sich läßt. Meine Phantasien spielen immer in Situationen, in denen die Personen dem Alltag entfliehen. Sie sind allem entrückt und leben nur noch für ihre Lust. – Vielleicht kann ich in der nächsten Zeit eine Phantasie aufschreiben, das fällt mir leichter, als sie hier zu erzählen.

Ich phantasiere auch häufig Szenen, die man in die Kategorien von Masochismus und Sadismus einordnen könnte, aber ich sehe das bei mir inzwischen nicht mehr als Ausdruck meiner Geschichte oder gesellschaftlicher Machtverteilung. Es ist sicherlich schwer, das eindeutig zu trennen, weil es real noch immer diese geschlechtsspezifischen Rollen gibt. Aber unabhängig davon denke ich, daß so etwas wie Angriff, Bedrohung, Verwundung und Momente von Angst und Qual zur Sexualität dazugehören.«

»Welche Bedeutung haben diese Phantasien für dich heute und wie erlebst du sie?«

Michelle: »Dazu muß ich sagen, daß ich nur bei der Selbstbefriedigung phantasiere. Und zu der habe ich seit der Pubertät ein gestörtes Verhältnis. Ich akzeptiere sie nicht als gleichberechtigt neben der Partner-Sexualität. Ich habe auch kein wirkliches Bedürfnis danach. Manchmal ist es eine Art Spiel, in dem es vor allem darum geht, welche Phantasien mich besonders anmachen und welche Berührungen ich am schönsten finde.

Als Kind war das ganz anders. Da war es ein sautolles Gefühl, auf das ich nicht verzichten wollte, auch in dem Wissen, daß es verboten ist und dreckig. Es machte mir tierischen Spaß, und ich wollte das unbedingt haben. Ich wollte es jeden Abend, wenn ich im Bett lag. Und jeden Morgen. Diese Bedeutung hat die Onanie jetzt überhaupt nicht mehr.«

»Fallen dir von früher noch mehr Phantasien ein als die mit der Sklavin?«

Michelle: »Es gab noch ein paar Standardphantasien, die habe ich auf verschiedenste Weisen variiert. Ich habe viele Abenteuer- und Indianerbücher gelesen, und daraus habe ich mir meine Phantasien zusammengebaut; aus all den Folterungen, Marterungen und Skalpierungen, von denen es in den Romanen nur so gewimmelt hat.«

»Siehst du, außer in den Schlägen und der körperlichen Gewalt bei dir Zuhause, noch andere Gründe für diese Phantasien?«

Michelle: »Was ich hauptsächlich als Ursache im Kopf habe, ist ›das verbotene Tun‹. Alles beim Onanieren war etwas, was ich nicht tun und was nicht zu mir gehören durfte. Lust darf ich nicht haben, die gehört nicht zu mir. Ganz unausgesprochen. Das sagt mir keiner, daß Lust verboten ist. Aber alle vermitteln mir das Gefühl, daß ich mich für die Lust bestrafen muß, die ich habe. Und weil ich nicht bereit bin, darauf zu verzichten, muß ich mir gleichzeitig auch weh tun.«

»Wie meinst du, ist dieses Gefühl in dir zustande gekommen, daß du keine Lust haben darfst?«

Michelle: »Durch die Art, wie meine Mutter nachts rumgegangen ist und mir ›Gute Nacht‹ gesagt hat. Durch den Blick, mit dem sie mich angeguckt hat. Durch den Blick, mit dem sie gefragt hat: Was hast du gerade gemacht? Und ich ihr angesehen habe, sie weiß, ich habe onaniert. *Ich* weiß, daß *sie* es weiß, aber wir reden nicht darüber. Dieses Gefühl: sie weiß, daß du es machst, aber es ist *so*, so schrecklich und so fürchterlich, sie kann nicht einmal drüber reden, das kann sie dir noch nicht einmal verbieten. Sie wagt nicht, es überhaupt auszusprechen, so verboten ist es. Sie hat nie gesagt: Das darfst du nicht machen.«

»Du sagtest vorhin, wenn du mit einem Partner zusammen bist, dann hättest du keine Phantasien.«

Michelle: »Nein. Jedenfalls nicht, wenn ich mit einem Mann schlafe. Ich habe es mal versucht, aber es geht nicht. Dann bin ich ganz woanders, raus aus der Situation, dann ist auch meine Lust weg. Vielleicht ist es so: Wenn ich anfange zu phantasieren, dann schaffe ich mir eine andere Art von Lust, auf einem anderen Weg, deshalb liegt ein Bruch dazwischen. Wenn ich mit jemandem zusammen bin, entsteht meine Lust über den realen Augenblick, über unsere Zärtlichkeit, Blicke oder auch eine Erinnerung daran, wie wir gevögelt haben. Aber nicht durch Phantasien.«

»Kannst du deine Wünsche in der Sexualität äußern?«

Michelle: »Ich kann sie nicht sagen, aber zeigen. Manchmal auch sagen, wenn ich jemanden ganz gut kenne und ich mich außerdem sehr stark fühle, in Draufgängerhaltung bin. Ich stecke meine Wünsche aber auch zurück, wenn ich merke, daß der Mann gerade etwas anderes viel lieber will.«

»Aber du hast ein klares Gefühl von deiner eigenen Lust?«

Michelle: »Ja. Aber das ist erst mit der Zeit gekommen. Früher war das nicht so. Früher habe ich mehr mit mir machen lassen, in der Hoffnung, *er* findet das Richtige, was ich möchte.«

»Und wie hat sich das entwickelt?«

Michelle: »Mit Hilfe eines Mannes. Das liegt jetzt ungefähr drei Jahre zurück. Erst hat er mich total verunsichert. Er hat ganz direkt gefragt, wie mir Sex am meisten Spaß macht, ob ich häufig onaniere und wie. Aber die Art, wie er mich gefragt hat, und die Atmosphäre, die zwischen uns war, hat es mir möglich gemacht, darüber zu sprechen, herumzuspielen und auch zu probieren. Ja, wir haben sehr viel miteinander gespielt und ausprobiert. Er war der erste Mann, für den Sexualität wirklich etwas völlig Selbstverständliches und Natürliches war und der nicht ständig und ewig der genitalen Erfüllung nachgerast ist. Das hat mich auch freier gemacht, denn diesen ›Orgasmuszwang‹ hatte ich auch ganz schön verinnerlicht.«

Michelle erzählt von anderen, für sie wichtigen Beziehungen. »Mit Christian war ich eine lange Zeit offen für Sexualität, völlig versunken in unser Erleben. Wir haben nur noch Sex gemacht. Geredet, geschlafen, wieder Sex gehabt, gegessen und das ganze von vorne. Da habe ich wirklich nur für unsere Beziehung gelebt und an nichts anderes mehr gedacht. Höchstens Angst gehabt, daß das nächste Mal Miteinander-Schlafen nicht mehr so toll ist wie das Mal davor. Wenn es nämlich so ist, bekomme ich immer gleich Beziehungszweifel. Ich habe Panik davor, in einer Beziehung zu bleiben, die sich eigentlich schon ausgelebt hat. So mache ich das Miteinander-Schlafen, die Lust darauf, zum Prüfstein. Wenn das nicht mehr Klasse ist, geht für mich irgend etwas kaputt, und die Beziehung wird mir ein Stück weit weniger wichtig. Vielleicht, weil ich nur das Totale will oder gar nichts.

Damals jedenfalls haben wir nur für unsere Sexualität gelebt, alles andere war unwichtig, so weit weg. Das ging über ein Jahr. Dann wurde mir klar, daß wir weniger *unsere* als seine Sexualität lebten. Die Impulse sind alle von Christian ausgegangen, und ich habe darauf reagiert. Ich habe es schon als sehr, sehr lustvoll und berauschend empfunden, aber er hat die ganze Zeit dominiert, ich habe nichts eigenes dazugefügt. Wahrscheinlich war ich auch noch zu jung, kannte meine Bedürfnisse und Wünsche zu wenig. Christian hat mich nicht danach gefragt; und ich selbst bin gar nicht auf die Idee gekommen, daß ich auch Phantasien von *mir* ausleben und probieren könnte, sondern habe einfach bedingungslos seine Welt übernommen. Als ich das kapiert hatte, war es mit der Totalität irgendwie vorbei.«

Michelle machte ihr Versprechen wahr und schickte uns folgende Phantasie-Geschichte:

»Als sie einander begegneten, gingen sie sofort zusammen weg – voneinander hingerissen. Sie nahmen ein Zimmer, und dort würden sie bleiben, tage-, vielleicht wochenlang. Es gab kein Gestern, kein Morgen, nur das Jetzt.

Kaum sind sie in ihrem Unterschlupf, beginnt er, ihre Kleider zu zerreißen – ruhig, ohne Anstrengung. Dann, als sie nackt ist, legt er sie auf das Bett und küßt sie endlos, überall, auf den Mund, die Brüste, Möse und Hintern. Seine Hände graben sich in ihr Fleisch, verletzen sie, hinterlassen Male und Schmerzen. Sie wird dabei völlig verrückt, vergeht vor Lust, will, daß er sie sofort befriedigt. Er aber läßt sich Zeit, quält sie mit Küssen, beißt sie überall. Das geht so weit, daß sie ihren Orgasmus erzwingen will, indem sie sich an ihm reibt, aber er läßt es nicht zu. Er macht einfach weiter, wie es ihm gefällt, nimmt, wonach ihm gerade gelüstet, verhindert, daß sie kommen kann. Sie verliert fast den Verstand, er beherrscht sie wie eine Sklavin. Ihre Lust ist seiner untertan, und unter seinen Händen wird sie immer willenloser; ein Bündel Sehnsucht, das nur noch verlangt, von ihm erlöst zu werden. Er befiehlt ihr, wie sie sich zu bewegen hat, sie gehorcht. Ihre Lust wird immer unaushaltbarer, da dringt er das erstemal in sie ein – spielt aber weiter mit ihr, kontrolliert sich und sie. Erst viel später läßt er sich gehen, und sie erreichen gemeinsam ihren Höhepunkt, der für beide berauschend und überwältigend ist.

Nachdem sie wieder genug Atem haben, beginnt alles von neuem, diesmal mit vertauschten Rollen. Immer so weiter, bis sie irgendwann genug voneinander haben und sich trennen.«

Bestimmend für Michelles Umgang mit Sexualität heute ist die Suche nach Totalität, nach einer ganzheitlichen, Grenzen sprengenden Erfahrung. Sie beschreibt die erotische Bindung an einen Partner als entscheidendes und unverzichtbares Moment einer befriedigenden Beziehung. Dabei spricht sie eine ganz neue, von anderen Frauen nicht erwähnte Interpretation masochistischer Phantasieelemente an: sie vermutet, daß unabhängig von Rollenzuschreibungen und -klischees sado-masochistische Fragmente jeder Sexualität innewohnen, Tendenzen, die nach Rausch und Entgrenzung streben. In ihren Augen besteht eine enge Verbindung von Lust und Schmerz, schließt das Sich-Hingeben an ein Gegenüber immer auch Verletzungen und Verwundungen ein.

Michelles Suche nach dem Absoluten, ihre beinahe verächtliche Ablehnung jedes nivellierten Mittelmaßes hat einen verlockenden Reiz – wer sehnt sich nicht nach entfesselter Lust,

nach Vergessen und Verlassen alles Beengenden und Binden-
den? Gleichzeitig aber schimmert in ihrer postulierten Absage
an alle Vernunft und Konvention auch eine Fortsetzung ihrer
steten Tendenz durch, sich an bestimmten Idealen und Zeit-
strömungen zu orientieren und die jeweils hoch im Kurs
stehenden Werte glanzvoll auszufüllen. So scheint ihre heutige
Phantasiewelt stark inspiriert von Autoren wie Anaïs Nin oder
George Bataille. Ihre These von der Zugehörigkeit sado-
masochistischer Elemente zur Sexualität ist daher *auch* vor
dem Hintergrund kultureller Entwicklungen zu sehen: In den
letzten Jahrzehnten wurden aggressive sexuelle Komponenten
tabuisiert, bzw. als der weiblichen Sexualität völlig fremd
deklariert. Diese Reduzierung wurde von der Frauenbewegung
anfangs noch auf die Spitze getrieben, indem die fordernd-
genitale Sexualität als spezifisch männlich und die sanfte,
behutsame Lust als weiblich kategorisiert wurden, wobei
letztere einer umfassenden Glorifizierung unterlag. In der
Wiederentdeckung von Autoren wie Bataille könnte sich eine
Art Gegenmythos verbergen, die unreflektierte Feier alles
moralisch Verpönten, Ungefügigen, Tabubrechenden.

Fraglich bleibt, ob sich sado-masochistische Phantasie-Mu-
ster tatsächlich losgelöst von realen gesellschaftlichen Verhältnissen betrachten und verstehen lassen, in denen die Repro-
duktion ohnmächtiger Weiblichkeitsbilder immer noch alltäg-
lich ist.

Michelle verschließt sich nicht völlig der Einsicht, daß
soziale, familiäre Bindungen die Bilder ihrer Phantasien beeinflußt und mitbestimmt haben. Deutlich scheint ihr, daß masochistische Phantasien als Ausdruck erheblicher Schuldgefühle
zu verstehen sind. Während ihrer Kindheit hat sie häufig und
leidenschaftlich onaniert, immer aber begleitet von ausgeprägt
leidvollen und demütigenden Bildern. In deren Verwendung
sieht sie einen psychischen ›Trick‹, der es ihr ermöglicht, die
unausgesprochenen, dennoch sehr eindringlich und restriktiv
erlebten sexuellen Verbote zu übergehen. Sie wählt den Weg
der Befriedigung bei gleichzeitiger Bestrafung, um ihr schlechtes Gewissen zu beruhigen. Im Laufe ihrer Entwicklung wird es

Michelle jedoch unmöglich, sich länger über die von ihr beschriebenen Bilder genußvoll selbst zu befriedigen. Es fällt auf, daß sie dabei nicht das von ihr als extrem tabuisiert und verboten geschilderte Onanieren an sich ablehnt, sondern die eigenen Phantasien: Lust und Demütigung lassen sich für sie nicht mehr miteinander vereinen. Aufgrund der starken Selbstzweifel, die ihre Vorstellungen auslösen, verzichtet sie auf beides. Versuche, Lust mit schönen Bildern zu verknüpfen, erweisen sich als durch und durch spannungslos und einschläfernd.

Hier zeigt sich unserer Meinung nach ein zweiter, von Michelle nicht genannter Interpretationsstrang: die lerngeschichtliche Verkettung von Lust und Leiden. Michelle ist eine unserer Gesprächspartnerinnen mit den extremsten masochistischen Sexualphantasien. Gleichzeitig ist ihre frühe familiäre Situation gekennzeichnet durch ein außerordentlich hohes Maß an körperlicher Gewalt. Gegenüber ihrem Vater beschreibt sie eine Art Haß-Liebe, dennoch ist ihre emotionale Beziehung zum Vater weitaus stärker als die zur Mutter. Michelle beschreibt sie als verschlossen und versagend. Das Kind Michelle erlebt die Person, von der es die größte gefühlsmäßige Nähe erfährt, immer wieder auch als existentiell bedrohlich. Es ist eine ihrer ältesten Erinnerungen, daß nur der, der sie schlägt, sie auch wirklich liebt. Es wäre denkbar, daß sie diese Erfahrung stets aufs neue zu reproduzieren sucht, indem sie ihre Lust in Zusammenhang bringt mit Momenten des Leidens.

Miriam: »Was man so unter Masochismus versteht, das kommt bei mir nie vor.«

Miriam: »Ich war eigentlich nie zu Hause, war meistens im Internat. Von meinem Vater habe ich überhaupt nichts mitbekommen, weil meine Eltern sich scheiden ließen, als ich sieben war. An die Zeit davor kann ich mich kaum erinnern. Danach habe ich ihn nur noch sehr selten gesehen. Auch an meine Mutter habe ich aus dieser Zeit kaum Erinnerungen. Ich wurde von meinen Geschwistern großgezogen, die viel älter waren als ich. Also, dolles Vertrauen hatte ich nicht zu meiner Mutter. Sexuelle Sachen wurden nicht besprochen. Andere Probleme, schulische und politische, lauter rationale Sachen, die schon. Aber alles, was in den emotionalen Bereich ging, davon habe ich nichts erzählt.«

»Hast du es deiner Mutter übelgenommen, daß sie dich ins Internat gesteckt hat?«

Miriam: »Ich fand es schon schlimm. Ich habe am Anfang ganz schön geheult. Nicht so sehr nach meiner Mutter, weil die sowieso immer gearbeitet hat. Als ich dann rauskam, war da so ein Gefühl: Die Alte hat mich da reingesteckt, jetzt kann sie nicht so viel von mir erwarten. Vor allem nicht, daß ich mich ihr öffne.«

»Und wie war die Zeit im Internat?«

Miriam: »Eigentlich nicht schlecht; man hatte immer Spielkameraden, es war immer was los. Das fand ich schon toll. Was fehlte, war der Kontakt zu anderen Leuten draußen. Mit 12 habe ich das Internat verlassen, vielleicht war das gar nicht so gut. Ich war zu Hause ziemlich isoliert, hatte wenig Freundinnen.«

»Wie war das mit deiner Sexualaufklärung?«

Miriam: »Die gab es nicht. Es war mir lange ein Rätsel, was da los ist, sexuell. Es fing damit an, daß ich bei einer Freundin im Schrank etwas suchen wollte und dabei Binden gefunden habe. Ich habe sie gefragt, was das ist, und sie hat sich halb totgelacht und gelästert: Na ja, kleines Kind... Das war mir ziemlich peinlich. Zu Hause hab' ich das später mal erzählt, da war ich zehn, daraufhin hat meine Mutter mich auf einen Waldspaziergang mitgenommen und mich ›aufgeklärt‹. Ich weiß nur noch, daß ihr das irrsinnig peinlich war, und ich habe überhaupt nicht durchgeblickt, was sie von mir wollte. Sie hat immer wieder gesagt: Du kannst *Bauchschmerzen* kriegen, und dann kommt was Rotes raus. Mehr nicht. Aber ich wußte, daß man dann erwachsen ist und diese Dinger dazu braucht.

Gekriegt habe ich die Regel, als ich wieder zu Hause war, und ich habe mich urwahnsinnig erschrocken. Heulend bin ich zu meiner Schwester gelaufen und habe ihr erzählt, daß ich bluten würde. Das habe ich dann doch nicht gerafft. Einerseits wollte ich sie haben und andererseits war ich, als die Regel wirklich kam, überfordert.«

»Habt ihr auf dem Waldspaziergang nur über die Menstruation gesprochen?«

Miriam: »Zumindest erinnere ich mich nur daran.«

»Und wie hast du das übrige erfahren?«

Miriam: »Das weiß ich nicht mehr. Ich habe *absolut* keine Erinnerung daran. Wahrscheinlich habe ich es mir einfach aus Bruchstücken zusammengerechnet, aus Witzen von Freundinnen, aus dem Bio-Unterricht. Richtig aufgeklärt war ich nicht. Ich hatte auch Schwierigkeiten zu verstehen, worüber meine Freundinnen gewitzelt haben. Aber dann habe ich es mir irgendwie zusammengereimt.

Als ich aus dem Internat rauskam, habe ich gedacht: Jetzt hast du mordswas verpaßt, die anderen sind alle viel weiter. Ein Freund war bei uns ein richtiges Statussymbol. Und ich war damals überhaupt nicht hübsch, zu dick, mit tiefen Rändern unter den Augen. Meine Freundinnen sahen alle gut aus und waren mit Freunden zusammen. Nur ich kannte überhaupt keine Jungs. Da habe ich dann losgelegt und mich an den Wolfgang rangeschmissen. Der war natürlich gut zum Vorzeigen: mit Auto *und* Motorrad. Mit 13 hab' ich den kennengelernt und ruckzuck mit dem geschlafen.

Die Initiative in der Sexualität ging immer von ihm aus. Aber ich habe meistens geahnt, was kommt, und mich nie gesträubt. Die ganze Zeit über, in der ich mit ihm zusammen war, war auch meine Freundin in ihn verknallt. Vor den Treffen mit Wolfgang habe ich immer mit ihr gerätselt: Wann macht er denn jetzt mal *das* bei dir, wann rührt er deinen Busen an, wann zieht er dich aus. Wir haben es irgendwie geschafft, den Zeitpunkt immer zu erraten.«

»Wie war das Miteinander-Schlafen für dich?«

Miriam: »Ich fand das *Kuscheln* und *Schmusen* toll, aber ich hatte nie einen Orgasmus. Das war auch nicht schlimm für mich, wichtiger war der Hautkontakt. Es war auch nicht so, daß ich das über mich ergehen lassen mußte, insgesamt war es eine schöne Sache. Aber vom Geschlechtsverkehr habe ich nicht viel gehabt. Kuscheln unter der Bettdecke und merken, daß man jemandem gefällt, das fand ich toll, aber mehr nicht. Mit Freundinnen habe ich nicht darüber geredet, hatte auch gar kein Bedürfnis danach. Der Gabi habe ich zwar alles erzählt, aber das war mehr so eine Art Sensationsbericht: Dann hat er *das* gemacht, dann hat er *das* gemacht, jedenfalls in der Anfangszeit.«

»Warst du verliebt in ihn?«

Miriam: »Hm, doch ziemlich. Wir waren auch drei Jahre zusammen. Allerdings haben wir uns dann immer mehr isoliert. Ich kannte sowieso nur ihn und Gabi. Aber er hat auch immer weniger gemacht und sich so nach und nach total auf mich fixiert. Wollte mich heiraten und so weiter. Er war jeden Tag da. Und wenn er Dienst hatte, kamen Blumen durch Fleurop, so daß er praktisch immer anwesend war. Das wurde mir irgendwann zu eng.«

»Aber zu Anfang hast du ihn für dich ausgesucht und auch erobert?«

Miriam: »Nein. Das entstand aus einem Flirt heraus. Ich fand ihn toll, und Gabi hatte mir ja schon von ihm vorgeschwärmt: Das ist *der* Typ! Er sah auch wirklich sehr gut aus, muskulös und sportlich, hatte das Auto und war quasi der Cliquenchef. Ich wollte ihn schon, aber angemacht habe ich ihn nicht.

Bei meinem ersten Freund, da kam die Initiative von mir. Der sah auch nicht schlecht aus, arbeitete auf einer Tankstelle. Wir sind jeden Morgen im selben Bus gefahren. Ich habe mir *wahnsinnige* Phantasien ausgedacht, so Märchenprinzgeschichten, in denen ich die Prinzessin war. Lauter Geschichten über die Abenteuer unserer gemeinsamen Liebe. Als wir dann tatsächlich mal gemeinsam auf eine Kirmes gegangen sind, hat er mir gleich meinen ersten Zungenkuß verpaßt, den ich ganz fürchterlich fand. Wir haben uns drei, vier Wochen lang ab und zu getroffen, bis ich merkte, daß meine Phantasien mit der Realität nichts zu tun hatten. Er war ein absoluter Idiot.«

Miriam erzählt von einigen Affären nach der Beziehung mit Wolfgang:

»Konntest du in diesen Beziehungen deine sexuellen Wünsche und Bedürfnisse zeigen oder über sie sprechen?«

Miriam: »Nein. Ich kannte sie auch gar nicht so richtig. Ich habe im Grunde überhaupt nicht durchgeblickt, wie das alles funktioniert, das Zusammen-Schlafen oder wie ich einen Orgasmus bekomme. Es hat sehr lange gedauert, bis ich das herausgefunden habe. Aber ich konnte das auch dann keinem Mann sagen oder zeigen. Es hing ganz vom Zufall ab, ob ich kam oder nicht.«

»Hattest du ohne Orgasmus das Gefühl, daß dir etwas fehlt?«

Miriam: »Bei Gerd habe ich meistens einen Orgasmus gehabt. Nur zum Schluß hab' ich öfter gespielt, mich dabei aber nicht wohl gefühlt. Das fand ich Scheiße. Bei Fredo hat mir das oft gefehlt; es klappte nicht, und ich habe mich nicht getraut, ihm meine Stellungen zu zeigen, weil zu wenig Vertrauen im sexuellen Bereich da war. Das fand ich schon blöd, weil ich ja wußte, wie es geht und daß es geht. In der Zeit habe ich viel onaniert. Auch in der Beziehung mit Gerd habe ich mich am Ende lieber selbst befriedigt als mit ihm geschlafen.«

»Hast du das Gefühl, daß du über die Selbstbefriedigung deinen Körper besser kennengelernt hast oder besser wußtest, was du willst?«

Miriam: »Bestimmte Sachen, daß ich zum Beispiel meine

Beine gerade halte und immer auf dem Bauch liege, wenn ich einen Orgasmus haben will, das kommt vom Onanieren. Aber ansonsten habe ich meinen Körper dabei nicht näher kennengelernt.«

»Hast du als Kind Entdeckungsspiele an deinem Körper gemacht?«

Miriam: »Ich habe mich schon früh mit anderen Mädchen verglichen. Es fing, glaube ich, damit an, daß ich mit einer älteren Cousine einen Badeanzug kaufen ging. Und dabei hat sie festgestellt: Mein Gott, wenn du ein paar Pfund abnehmen würdest, das wäre nicht schlecht, dann sähest du beinahe gut aus. Das hat mich ziemlich geschockt. Von da an, ich war ungefähr elf, war ich der Überzeugung, daß ich häßlicher war als andere Mädchen. Mit fünfzehn fing die ganze Abnehmerei an. Ich hatte immer Angst, ein Doppelkinn zu kriegen, hatte richtig Panik davor, obwohl das völliger Unsinn war.«

»Wann hast du das Onanieren für dich entdeckt?«

Miriam: »Sehr früh, schon mit neun oder zehn. Ich erinnere mich, daß ich krank war, Fieber hatte und dagegen irgendeine Tablette bekommen habe. In der Nacht habe ich von einem Jungen geträumt, der's mit mir macht, und habe auch einen Orgasmus gekriegt während des Traumes. Das fand ich wahnsinnig gut. Am nächsten Tag habe ich gleich wieder so eine Tablette verlangt, aber das Gefühl kam nicht wieder. Ich lag da, und es klappte nicht, aber nun wußte ich, da kann was passieren. Von da an habe ich eigentlich jeden Abend onaniert, was nicht so einfach war, wegen dem knarrenden Bett. – Aber das war schon witzig, wie ich dalag und darauf gewartet habe, daß dieser schöne Junge kommt.«

»Was hast du dir für Phantasien gemacht, als du klein warst?«

Miriam: »Immer wieder solche Prinzenträume mit mir als Prinzessin. Es waren *Riesen*geschichten, die ich mir ausgedacht habe. Es kam auch darauf an, wovon ich gerade beeinflußt war. Zum Beispiel habe ich mir vorgestellt, ich wäre Penny vom *Hausboot*. Pierre Brice, der Indianer aus *Winnetou*, tauchte oft in meinen Phantasien auf. Den Anfangskontakt habe ich phantasiert: Blicke und das erste Küssen. Mehr nicht. Das war immer das Wichtigste: wie ich aussah, wie er aussah, die Abenteuer, die wir vorher bestehen. In diese Geschichten war ich den ganzen Tag eingesponnen, auch beim Spielen oder in der Schule. Ich habe praktisch nur in einer Traumwelt gelebt.«

»Und der krönende Abschluß war das Onanieren?«

Miriam: »Am Abend. Genau.«

»Hast du die Onanie als etwas Verbotenes erlebt?«

Miriam: »Ja. Es durfte keiner merken. Ich habe auch mit niemandem darüber gesprochen, das war absolutes Tabu.«

»Hast du gewußt, was du machst, und daß du einen Orgasmus hast?«

Miriam: »Nein, das kam erst später. Am Anfang war es einfach nur schön.«

»Haben sich deine Phantasien heute verändert?«

Miriam: »Diese Traumweltgeschichten haben sich lange gehalten. Aber irgendwann hat es aufgehört, daß ich mir so *lange* Geschichten ausgemalt habe. Geblieben ist, daß ich in meinen Phantasien nie ich selbst bin: Es ist nie mein Körper, nie mein Aussehen, das irgendwas schafft oder jemanden erregt. Es ist immer eine andere Frau. Ich glaube, das ist ziemlich bezeichnend.«

»Aber du bist die andere Frau?«

Miriam: »Ich bin die andere Frau. Das heißt: Ich erlebe das.«

»Ist es so, daß du zuschaust?«

Miriam: »Nein, das nicht. Es verschwimmt auch; ein Verschwimmen zwischen eine Person zu sein und zwei Personen zu sein – komisch. Was überhaupt nicht mehr vorkommt ist, daß ich mir Pierre Brice vorstelle oder andere Stars. Ab und zu war es zu Anfang mit Gerd noch so. Da habe ich mir manchmal andere Männer ausgedacht, aber keine bestimmten. Das war wesentlich undeutlicher.«

»Männer, die du kanntest?«

Miriam: »Nein. Ich weiß nicht, wo ich die hergekriegt habe. Vielleicht von der Straße oder vom Film – als flüchtigen Eindruck.«

»Hast du dir die Geschichten zu Ende gedacht, oder war nur der erste Moment, der Flirt, wichtig?«

Miriam: »Der war *wahnsinnig wichtig.* Aber es entwickelte sich doch immer stärker dahin, daß ich mir nicht nur Blickkontakt oder Kuß vorgestellt habe, sondern auch Rockhochschieben und solche Sachen.«

»Wer übernimmt die Initiative dabei?«

Miriam: »Abwechselnd. Unterschiedlich. – Im Moment gehe ich in den Phantasien immer von Helmut aus. [Miriams jetziger Partner]. Die Frauen sind oft Frauen, auf die ich gerade eifersüchtig bin, zum Beispiel Lia. Ich bin nicht Lia in dem Moment, sondern ich stelle mir vor, daß Helmut auf sie abfährt und ich das mitkriege. Oder daß er fertiger Architekt ist und auf irgendeine technische Zeichnerin oder Sekretärin abfährt. Es ist immer Eifersucht dabei: Ich bin seine Frau, und er macht mit einer anderen Frau rum; meistens so etwas wie Rockhochschieben. Dabei ist es oft er, der das anfängt, wenn die Frau in den Phantasien die Initiative ergreift, dann bin ich es eher selbst.«

»Als Miriam? So wie du aussiehst?«

Miriam: »Das weiß ich nicht genau. Ich sehe, glaube ich, immer besser aus, entspreche dem, was ich gerade für toll halte: mal ein dickerer Arsch, mal mehr Busen, mal weniger Busen, mal solche Haare, mal solche. So mache ich mich dann zurecht. Bei Gerd bin ich nie ohne Phantasien gekommen. Da brauchte ich das unheimlich stark. Bei Helmut ist es unterschiedlich, ich habe sie schon, aber ich komme auch ab und zu ohne.«

»Hat das etwas damit zu tun, wie du dich gerade fühlst, wie nah du ihm bist?«

Miriam: »Ein bißchen schon. Ich habe meistens mehrere Orgasmen. Es kann sein, daß ich dann ein, zwei ohne Phantasien habe und ein, zwei mit. Dann reicht es mir, total auf seinen Körper abzufahren, dann brauche ich an nichts anderes zu denken.«

»Glaubst du, die Phantasien sind eine Art Hilfsmittel, um noch mehr Orgasmen zu kriegen?«

Miriam: »Ich denke schon. Aber manchmal ist es auch umgekehrt. Ich habe erst die Phantasie eingesetzt, und dann kamen noch ein oder zwei Orgasmen einfach so. Das ist ganz verschieden. Aber die Tendenz ist schon so, daß ich an einem Tag insgesamt weniger Anreiz brauche durch Phantasien, an anderen Tagen mehr. Manchmal reicht schon eine ganz kleine Sache aus, damit ich komme.

Eine Zeitlang bin ich auf die Vorstellung abgefahren, schwanger zu sein, wenn ich mit Helmut schlafe. Das war noch nicht mal gleichzeitig mit dem Wunsch, wirklich ein Kind von ihm zu kriegen.«

»Ist das für dich okay, die Phantasien zu haben, wenn du mit Helmut schläfst? Oder findest du es schöner ohne?«

Miriam: »Ich find' es schöner, wenn ich keine habe. So ganz dazu stehen kann ich nämlich nicht. Irgendwie denke ich, es ist unnatürlich. Und es ist etwas falsch, wenn es nicht ohne Phantasien geht. Ich finde es schon toll, daß es überhaupt ab und zu einfach so geht.«

»Wünschst du dir, manche der Phantasien in der Realität auszuleben?«

Miriam: »Zum Beispiel, daß Helmut mit Lia schläft, will ich auf keinen Fall. Davor habe ich Panik. Ich habe mir schon oft überlegt, warum mich diese Phantasie erregt. Es muß die Angst davor sein, daß es wirklich passiert. Das würde ich nämlich nicht aushalten. Früher, mit Gerd, hatte ich solche Träume nicht. Ich war mir seiner auch viel sicherer. In der Beziehung zu Helmut habe ich permanent Angst, daß eine andere Frau ihn mir wegnimmt; damit mache ich mich schon selber verrückt. Vielleicht entstehen bei mir solche Phantasien, um diese Angst abzubauen. Er ist der erste Mann für mich, der vorher viele andere Beziehungen hatte, mir eine Menge Erfahrungen voraus hat und auch einiges gemacht hat, was ich gar nicht nachvollziehen kann. Dazu kommt, daß ich auf sein Aussehen und seinen Körper so stark abfahre, daß ich mir denke, *jede* muß wild auf ihn sein. Solche Gedanken hatte ich bei Wolfgang und Gerd nicht. Die haben mich auch angebetet, alle beide, haben mir jeden Wunsch von den Lippen abgelesen und machten alles für mich. Das macht Helmut überhaupt nicht. Ich glaube, das verstärkt meine Unsicherheiten noch. In dieser Beziehung ist es für mich auch das erste Mal so, daß ich öfter mit dem Mann schlafen will als er mit mir. Das kann ich nicht vertragen, habe Tränen in den Augen, bin gefrustet und fertig. Ich überlege ständig, warum er keine Lust hat, zweifle an meinem Äußeren, glaube, er hat eine andere. Lauter solchen Mist. Ich denke sofort, daß ich ihm langweilig werde und jetzt die Gewöhnung einsetzt. Ich kann mir gar keine anderen Gründe vorstellen. Ist schon ziemlich blöd.«

»Solche Phantasien können ja die Funktion haben, uns Macht über ein Geschehen zu geben, das uns Angst macht.«

Miriam: »Ja, das stimmt. Das ist ein wesentlicher Punkt. In meinen Phantasien ist es oft so, daß Helmut, wenn die Frauen mehr mit ihm zu tun haben wollen, sich zurückzieht und ihnen zu verstehen gibt: Mit Miriam ist es viel besser. Daß er zum Beispiel seiner Sekretärin sagt: Meine Frau ist unantastbar, oder etwas ähnliches. Das ist, glaube ich, die Bewältigung meiner Ängste: Er bleibt doch hier. Selbst wenn es mal passiert, er kommt wieder, das kann uns nichts anhaben. Dann stelle ich mir vor, daß er zu der anderen solche Sätze sagt wie: Na ja, du hast zwar große Titten, aber trotzdem wähle ich sie. Darüber suche ich wohl die Sicherheit, die ich in der Realität nicht habe.«

»Andere Leidensphantasien oder masochistische Vorstellungen hast du nicht?«

Miriam: »Doch, die gibt es auch. Manchmal stelle ich mir vor, eine Kneipe oder Bank wird überfallen, ich werde rausgesucht, und mich vergewaltigen sie dann. Ich weiß nicht genau, ob diese Vergewaltigung dann leidvoll ist. Sie ist schon schmerzhaft, ich habe gelitten, aber weil ich auch dabei komme, kann ich nicht sagen, daß es – also, ich kann es nicht richtig einordnen.

Eine andere Vorstellung ist, von hinten fest gebumst zu werden. Obwohl ich genau weiß, das tut mir weh und macht mir überhaupt keinen Spaß. Zum Beispiel über einen Schreibtisch gelehnt gevögelt zu werden – das ist eigentlich mein absoluter Haß, da habe ich keinen Bock drauf, das tut weh, ich will das nicht. Aber so was stelle ich mir trotzdem vor.«

»Sind es bestimmte Situationen und Rollen, die du dir vorstellst?«

(*Lange Pause*)

Miriam: »Ja, Sekretärinnen oder ähnliches. – Los komm, Rock hoch! Meistens Abhängigkeitssituationen.«

»Kannst du einen Zusammenhang sehen dazu, wie es dir sonst geht?«

Miriam: »Weiß ich nicht, darauf habe ich noch nie geachtet. Bevor das mit unserem Gespräch anstand, habe ich mir über meine Phantasien überhaupt keine Gedanken gemacht. Sie gehörten einfach dazu.

Was man sonst so gemeinhin unter Masochismus versteht, mit Schlagen oder Fesseln, das kommt bei mir nie vor. Manchmal phantasiere ich, daß ich mit einer Frau schlafe, das finde ich immer ganz toll. Oder Sex mit mehreren, Gruppensex-Geschichten. Gewisse Sachen, auf die Gerd abgefahren ist, habe ich in meine Phantasien übernommen, zum Beispiel, daß die Frauen ganz enge Röcke tragen. Oder daß ich mir ausgemalt habe, an einem großen Tisch zu sitzen mit einer langen Tischdecke, und ich muß mich oben unterhalten, während unten ein Mann an mir rummacht. Oder umgekehrt. Das hat mich eine Zeitlang wahnsinnig fasziniert. Für die Phantasien war wichtig, daß das alles kein anderer mitbekam, auch nicht, daß ich da einen Orgi nach dem anderen geschoben habe.

Für die Sexualität sind Phantasien ein Hilfsmittel: um die Lust in Gang zu bringen oder zu steigern. Ich versuche auch, das zu akzeptieren. Was ich allerdings erst kann, seitdem ich gemerkt habe, daß es auch ohne geht. Es klappt auch nicht, wenn ich mir vornehme: Ich will jetzt keine Phantasien haben. Das brauche ich gar nicht erst versuchen. Das ist Quatsch. Manchmal geht es halt einfach ohne.

Irgend etwas habe ich immer im Kopf, zumindest schießen mir solche Gedanken durch den Kopf wie: Was sieht er toll aus. Oder: Wie fühlt sich das geil an. So ganz gar nichts denken, das geht nicht.«

»Hast du eine Vorstellung, was das Erregende daran ist, wenn du leidvolle Situationen phantasierst?«

Miriam: »Ich weiß es nicht. Ich habe ewig darüber nachgedacht und auch versucht, mich genauer in den Situationen zu beobachten, in denen ich phantasiert habe. Aber ich bin absolut nicht dahinter gekommen, was es nun ist. Ich meine, es ist *pervers, so etwas zu denken*, um sich zu erregen, nur um ein *schönes* Gefühl zu kriegen! Ich habe die Sexualphantasien immer als Makel gesehen, daß irgend etwas nicht richtig funktioniert oder klappt bei mir. Daß ich irgend etwas nicht kann.«

»Haben deine Phantasien manchmal auch etwas mit der Grenze zwischen Lust und Schmerz zu tun?«

Miriam: »Ich habe mal ein Buch gelesen, da wurde eine Frau im Bad mit einem Handtuch geschlagen; das fand ich sehr erregend. Ich habe es dem Gerd erzählt, der wollte es gleich ausprobieren. Aber er hat sich nicht so richtig getraut, mich zu schlagen, das haute alles nicht hin. Und ich wäre am liebsten im Boden versunken. Trotzdem fand ich die Idee erregend. Es war allerdings auch kein doller Schmerz beschrieben, nicht bis aufs Blut, aber schon so, daß du etwas gespürt hast. Ich habe eine wahnsinnig niedrige Schamgrenze; bei gewissen Sachen schäme ich mich in Grund und Boden. Zum Beispiel, wenn ich in Filmen Nacktszenen sehe oder einen Striptease, das ist mir richtig peinlich. Und ich kann noch nicht einmal orten, wo das herkommt. Ich komme mir manchmal vor wie eine alte Oma, die ganz verschrobene Ansichten hat und deshalb einfach rausgehen müßte bei so etwas. Ich war einmal in Frankreich mit Gerd in einem Sexfilm; das hat mich unheimlich erregt. In der Nacht haben wir miteinander geschlafen wie noch nie. Aber es war mir *so* peinlich, es war schlimm, hinterher. Ich hatte das Gefühl: Jetzt ist alles aus mit dir, nun ist deine Moral endgültig versaut. – Das kommt sicherlich auch daher, daß meine Mutter da sehr extrem ist und solche Sachen überhaupt nicht sehen kann. Sie versteift sich da immer vollkommen. Wir lästern auch immer darüber, daß sie dabei so pingelig ist und richtigen Männerhaß ausdrückt. Andererseits aber lauter Phallussymbole in ihrer Wohnung rumstehen hat. Das ist wirklich auffällig bei ihr. Ich glaube, meine Prüderie kommt auch daher. Wenn du merkst, wie sich der andere immer versteift, versteifst du dich automatisch mit. Manchmal denke ich mir: Langsam könnte ich das ja mal ablegen und damit fertigwerden. Aber es geht nicht so einfach.«

In Miriams sexueller Phantasiewelt treten gewaltvolle Vorstellungen nicht so stark in den Vordergrund wie bei den anderen Frauen, mit denen wir sprachen. Dennoch beschreibt auch sie wiederkehrende Bilder des Abhängig- und Ausgeliefertseins. Für sie ließen sich im Verlauf unseres Gesprächs keine schmerzvollen Erinnerungen oder ungelösten Konflikte der Vergangenheit als Erklärungsansätze finden. Vielmehr zeugen Miriams Schilderungen von weitgehend als angenehm erlebten sexuellen Erfahrungen, einer positiven Einstellung zur Sexualität und einem starken Verspüren eigener Lust.

Da leidvolle Elemente nicht natürlicherweise in weiblichen Phantasien auftauchen, haben wir nach einem anderen Begründungszusammenhang für die von Miriam skizzierten masochistischen Phantasieinhalte gesucht. Uns ist aufgefallen, wie sehr sie sich an Normen und gängigen Klischees gesellschaftlich definierter Weiblichkeitsbilder mißt, angefangen bei den Äußerlichkeiten einer ›fraulichen‹ Erscheinung bis hin zu den ›typisch weiblichen‹ Verhaltensmustern. Deren Leitmotive zeigen sich in ihren Ängsten, Überlegungen und Erfahrungen: die Abhängigkeit ihres Selbstwertgefühls von den üblichen Schönheitsnormen, das rückhaltlose Bemühen, über den Freund Anerkennung bei anderen zu finden und die in der Jugend uneingeschränkte Ausrichtung auf die Wünsche des Partners. Diese Art erworbener Weiblichkeit stellt ein Haupthindernis für die Entfaltung von Autonomie und sexueller Sicherheit dar. Darin sehen wir einen Grund, solche Phantasien auszubilden, in denen die Bedürfnisse, Interessen und Handlungen des Mannes dominieren.

Dieser Zusammenhang läßt sich auch anhand von Miriams

Beschreibungen ihrer pubertären Mädchenträume und -sehn-
süchte und deren Auswirkungen auf ihr Verhalten nachvollziehen: Neben direkt sexuellen Träumen im Kindesalter wird ihre
Vorstellungswelt in der Pubertät von einem neuen Phänomen
geprägt: den Tagträumereien verliebter Glücksseligkeit. Statt
des unmittelbaren Wunsches nach Sexualität, Erregung und
Lust werden die ersten Worte und Blicke, das Aussehen der
Beteiligten und die situativen Details der Begegnung in den
Mittelpunkt der Phantasien gerückt. Deren Muster entsprechen weitgehend den Klischees von Trivialromanen oder Lie-
besfilmen. Sie sind romantisch verschleiert und gezeichnet vom
Schwanken zwischen moralischer Scham und gleichzeitig tiefer
Sehnsucht nach Ergriffenheit, Entfesselung und Dramatik.

Ein Grund für die Verdrängung von zuvor unzensiert erlebten sexuellen Wünschen, wie sie von Miriam und auch von
Anne geschildert werden, liegt wohl in der mit Beginn der
Pubertät bereits weitgehend abgeschlossenen Übernahme bürgerlicher Moral. Deren Leitmotiv ist während der Jugendzeit
all unserer Gesprächspartnerinnen das Bild der unschuldigen,
reinen Ehefrau; weibliche Lust wird als Wollust abqualifiziert,
die lustbejahende Frau degradiert zum sozial unterentwickel-
ten, anstandslosen Wesen. Erotische Sehnsüchte müssen sich in
scheinbar sittsame, stereotype Traumwirklichkeiten flüchten,
die sich in genauesten Inszenierungen der doch immergleichen
Begegnungen, phrasenhaftem weiblichen und männlichen Rol-
lengebaren und der ausgiebigen Ausmalung des Aussehens und
der Kleidung erschöpfen.

In Miriams erster fester Liebesbeziehung finden die geschlechtsspezifischen Muster dieser Tagträume ihre reale Ent-
sprechung. Mit abwartender Neugierde beobachtet sie das
Verhalten ihres Freundes und trifft Vorhersagen, welche Handlungen er an ihr und mit ihr vollziehen wird. So macht sie sich
zur Statistin der eigenen Liebesromanze, die das Geschehen
eher registriert als selbst gestaltet. Wie weit sie bereits mit
dreizehn das Bild des zielstrebig handelnden Mannes und der
sich ihm ausliefernden Frau verinnerlicht hat, zeigt sich in der
Fraglosigkeit, mit der sie alles mit sich geschehen läßt: Es

scheint ihr völlig normal so. Um ihren Wunsch nach Gleichwertigkeit mit den anderen Mädchen und ihr Bedürfnis nach Zärtlichkeit zu erfüllen, ist sie zu allem bereit. Den Zusammenhang zwischen den Phantasien von Unterwerfung und Genommenwerden und einer Rollenzuschreibung, die es der Frau nicht gestattet, sich als Subjekt ihrer Sehnsüchte, Wünsche und Handlungen zu verwirklichen, haben wir eingangs bereits angeführt.

Im Gespräch mit Miriam tritt ein neuer Aspekt möglicher Funktionen sexueller Phantasien hervor: Miriam sieht in ihnen einen Weg, sich mit Situationen auseinanderzusetzen, die in der Realität eine Bedrohung für sie darstellen. Mittels der Phantasie kann sie Macht über ein Geschehen gewinnen, dem sie sich in der Wirklichkeit hilflos ausgeliefert fühlen würde. Diese Beherrschung eines für sie äußerst gefürchteten Erlebnisses in der Phantasie trägt zur Minderung ihrer Ängste bei, nimmt Spannungen und läßt Raum offen für eigenes Begehren. Zudem verschränken sich in Miriams Eifersuchtsphantasien Masochismus und Sadismus sehr deutlich: Die Rivalinnen, die den Freund verführen, werden schließlich von ihm geschmäht und gedemütigt. So kann sie triumphierend aus dem Phantasiespiel hervorgehen. Durch die Wandlung von Ohnmacht in Macht wird die eigene Lust freigegeben.

Julia: »Vielleicht hat mir damals schon auch das Leiden gefallen.«

In einem ersten Gespräch konnte Julia frei und ausführlich über ihre Phantasien sprechen, auch über deren mögliche Hintergründe und Erklärungen. Dieses Gespräch hatten wir nicht aufgezeichnet. Bei unserem zweiten Treffen (diesmal wollten wir das Tonband laufen lassen) zeigte sie zunächst wenig Bereitschaft zu sprechen, sie weicht aus, will sich auf nichts festlegen lassen, vor allem nicht auf Begründungszusammenhänge. Erst als sie beginnt, ihre Lebensgeschichte, ihre Erfahrungen mit Männern zu schildern, wird sie lebhafter, und die Erlebnisse, die sie zu erzählen beginnt, überschlagen sich nahezu.

Julia schildert, daß sie nur, wenn sie sich selbst befriedigt, Phantasien hat. Ihre Vorstellungen schwanken zwischen Wunschbildern, angenehmen Erinnerungen und ausgesprochen gewaltvollen Szenen. »Nach wie vor ist Onanieren nicht *das* tolle Ding für mich. Aber ich habe mich ein bißchen von dem Anspruch befreit, daß es auf eine ganz bestimmte Art schön sein muß, daß ich mich eins fühlen muß mit meinem Körper. Das passiert nur ganz selten: wenn es mir unheimlich gut geht, wenn es dann nur noch ein Punkt obendrauf ist, das Onanieren. Dann habe ich auch keine masochistischen Phantasien.«

»Ein ›Glücksgefühl‹ ist nur da, wenn du ohne solche Phantasien onanierst?«

Julia: »Ja.«

»Warum meinst du, holst du dir dann diese Phantasien?«

Julia macht eine lange Pause, bevor sie antwortet: »Um möglichst schnell zum Orgasmus zu kommen, möglichst reibungslos. Vielleicht so: richtig fallenlassen kann ich mich nicht. Und dann hole ich mir die Phantasien – als Krücken. Das mache ich schon ziemlich automatisch. Ich empfinde diese Phantasien aber nicht mehr als – also leide nicht mehr darunter, jedenfalls nicht bewußt. Es ist auch schwierig, so losgelöst darüber zu reden. – Diese Maso-Phantasien habe ich nicht öfter als andere Phantasien. Ich stelle mir auch schöne Situationen vor; allerdings kann ich mich dabei auch nicht besser fallenlassen. Das wechselt, manchmal denke ich halt an unangenehme Typen oder schreckliche Situationen. Einen Typen kenn' ich hier, der mir totale Angst macht. Der hat eine ganz fiese, unheimliche Ausstrahlung. Wenn du den siehst, erschrickst du automatisch. Andererseits hat gerade diese Angst auch wieder etwas Erotisches, so daß ich in Gedanken manchmal damit spiele, ich würde irgendwie auf den eingehen. Der ist in der Realität hinter mir her. Ich kenne den schon länger, habe manchmal sogar einen Verfolgungswahn, und der ist mir zuwider. Aber gleichzeitig spiele ich dieses Abstoßen – das ist für mich auch eine stark erotische Sache. Den stelle ich mir manchmal vor, daß ich mir irgendwie von dem – daß ich ihn aufreize und geil mache.«

»Kannst du sagen, wann du schöne Phantasien hast und wann sie eher leidvoll sind?«

Julia: »Ich könnte nicht sagen, daß es mir besonders schlecht geht, wenn ich Phantasien wie die mit diesem Typen habe. Vielleicht spiele ich jetzt mehr damit als früher. Das heißt, masochistische Phantasien sind nicht so sehr Ausdruck davon, daß es mir schlecht geht, sondern ich sehe jetzt auch ein bißchen klarer den Reiz bei der Sache. Ich kann es mir jedenfalls nur so erklären. Obwohl, das gibt's dann auch noch, daß ich so phantasiere, wenn ich besonders fertig bin.«

»Wenn es ein Spiel ist, heißt das, du könntest dir genausogut andere Phantasien machen? Schönere?«

Julia: »Ein bißchen ist das so. Aber oft brauche ich auch diese Leidensphantasien. Es ist vielleicht kein *Zufall*, ob ich an einem bestimmten Tag so oder so phantasiere, ganz so ein reines Spiel ist das nicht. Aber ich muß nicht depressiv sein, es muß mir nicht ganz schlecht gehen, damit ich um so ›schlimmer‹ phantasiere.

Ich bin heute überhaupt nicht so offen wie bei unserem letzten Gespräch. Es läuft alles im Kopf ab, mehr wie eine Denkaufgabe, und ich bin gefühlsmäßig gar nicht so beteiligt. Es liegt auch daran, daß ich zur Zeit einen ziemlichen Block gegen das Thema Sexualität habe und da einiges auch ganz schön verdränge, mich dagegen wehre, mich damit auseinanderzusetzen. Es wäre auch an der Zeit, mit Ludger [ihr jetziger Partner] über unsere Sexualität zu reden und damit auch über meine. Das wäre eine gute Sache. Aber ich drücke mich davor.«

Wir besprechen die Schwierigkeiten unseres Gesprächs und die aktuellen Belastungen und Konflikte in Julias Partnerschaft. Um das stockende Gespräch wieder in Gang zu bringen, wenden wir uns ihren Erfahrungen im Elternhaus zu.

Julia: »Meine Mutter habe ich öfter nackt gesehen, während das bei meinem Vater lange zurückliegt. Bei ihm hat mich das unangenehm berührt, das fand ich gar nicht schön.«

»Mochtest du generell nackte Männer nicht sehen oder nur deinen Vater nicht?«

Julia: »Na ja, nackte Männer überhaupt. Aber eben auch meinen Vater nicht. [Lange Pause] Mir haben der Schwanz und die Hoden, sozusagen der ganze Unterleib, Angst gemacht, denke ich. Der Gedanke an den Körper meines Vaters berührt mich auch heute noch unangenehm. Klar, daß ich dementsprechend überhaupt vor Männerkörpern Angst hatte oder die nicht schön fand. Ich glaube, daß ich wegen dieser Abneigung einen Hang zur Pädophilie entwickelt habe, daß mich ganz schmale, eben auch kleinere Körper anziehen. Die machen mir am wenigsten Angst. So etwas Mädchen- oder Knabenhaftes finde ich sehr erotisch. Auf der anderen Seite habe ich in der Phantasie dann auch manchmal dieses Klischeebild vom erfahrenen, starken Mann, ich als der kleine Schmetterling auf seinem muskulösen Arm. Aber das ist nicht das, was ich in der Realität ausleben könnte. Es ist fast paradox, aber mich fasziniert das Weibliche an Männern. Bei diesen ›männlichen‹ Männern habe ich auch ganz extreme Angst, mich fallenzulassen. Diese Angst habe ich immer. Aber bei solchen Typen ist sie besonders stark. Dabei wünsche ich mir das sehr.

Zum Fallenlassen gehört für mich auch, sich unterwerfen zu können. Aber in einem anderen Sinne als dem üblicherweise gebrauchten. Sichunterwerfen kann auch etwas unheimlich Schönes sein. Natürlich nicht, sich real unterdrücken zu lassen, sondern im Sinne von Mit-sich-machen-Lassen.«

»Sich-Unterwerfen kann zwei ganz verschiedene Bedeutungen haben?«

Julia: »Ja. Es ist so negativ belastet. Ich versuche mal zu erzählen, wie es neulich mit Ludger war. Das war eine Situation, in der ich mich richtig fallenlassen konnte. Er hat meine Brust geküßt und mich gestreichelt, und das wurde eigentlich noch toller, als ich dieses Gefühl zulassen konnte: Ich bin dir jetzt ausgeliefert, du hast mich in der Hand. Das war ein Teil von mir, den ich sonst viel zuwenig auslebe. Ich hatte das Gefühl, ich bin hilflos, ich treibe, er kann jetzt machen, was er will. Das war gut: dem anderen Macht über mich zu erlauben oder mir selbst zu erlauben, mich ganz fallenzulassen.«

[*Unterbrechung im Gespräch*]

Julia: »Meine Mutter war mir körperlich vertraut, obwohl ich mich überhaupt nicht daran erinnern kann, daß sie mal richtig mit mir geschmust hätte – ich habe höchstens mal auf ihrem Schoß gesessen. Sie ist sehr dick; sie selber findet sich abstoßend und schämt sich ihres Körpers. Aber ich habe sie eigentlich gerne angeguckt. Ich habe auch manchmal, wenn ich von Frauen phantasiere, die Vorstellung, daß ich unter einem ganz großen Busen geborgen bin. Meine Mutter hat halt auch einen großen Busen. Ich weiß noch, daß ich öfter zwischen meinen Eltern im Ehebett geschlafen habe, beim Mittagsschlaf. Da kann ich meinen Vater nur als so komisch röchelnd erinnern. Mein Vater schnarcht auch immer. Das fand ich schon damals sehr unangenehm. Ich fand überhaupt bei ihm vieles unangenehm. Zum Beispiel konnte ich nicht leiden – er lutscht ganz oft Eukalyptusbonbons und hat die immer zerbissen. Dieses Geräusch, das habe ich gehaßt. Das zeigte sich in vielen kleinen Dingen, daß ich meinen Vater körperlich abstoßend fand, auch wie er manchmal beim Essen geschmatzt hat. Obwohl, mein Vater war gar nicht so ein richtiger Männertyp.

Dazu war er einmal zu alt. Und auch in seinem Auftreten hatte er nichts Sportliches oder Muskulöses an sich. Insgesamt ist meine Mutter die Dominierende. Mein Vater hatte nicht diese supermännliche Ausstrahlung, sondern eher etwas von einem Versager. Aber ich glaube, genau das ist es: Wir haben ihn schon früh nicht mehr richtig ernstgenommen. Obwohl ich manchmal Angst vor ihm hatte. Aber ernstgenommen ... Das sind zwei verschiedene Sachen.«

»Wie kam es, daß du Angst vor ihm hattest? Durch seine Strafen und Verbote?«

Julia: »Ja. Doch Verbote, die hat eigentlich mehr meine Mutter ausgesprochen. Aber wenn er jähzornig wurde, dann hat er schon mal zugehauen. Vor seinem Jähzorn hatte ich manchmal Angst.«

»Wieso war er in deinen Augen ein Versager?«

Julia: »Also er und meine Mutter, die spielen sich immer gegeneinander aus. Meine Mutter ist so eine, die reißt alles an sich und degradiert auch die anderen dazu, Versager zu sein. Deswegen haben wir auch alle immer ein Versagergefühl, auch wir Kinder. Schuldgefühle, und die Angst zu versagen. Meine Mutter hat das letztendlich natürlich *auch*, nur hat sie die Hosen an und gibt meinem Vater ständig das Gefühl zu versagen. Das hat sich auch auf uns übertragen.«

»Hat dieses Gefühl etwas mit deinen Ängsten in der Sexualität zu tun?«

Julia: »So direkt ist das schwer zu sagen. – Jedenfalls haben wir schlecht gelernt, uns selbst zu mögen. Alles wurde nur leistungsmäßig beurteilt.«

»Mochten deine Eltern sich?«

Julia: »Ich habe neulich mit meiner Mutter über ihre Sexualität geredet. Sie meinte, sie hätte es nie befriedigend empfunden. Vati würde sich auch ziemlich ungeschickt anstellen. Was ich herausgehört habe, ist, daß er richtige Potenzängste hat, psychische Impotenz. Im entscheidenden Moment würde es immer nicht klappen, meinte meine Mutter. Aber das hat wohl zwei Seiten, sicherlich trägt sie ihren Teil dazu bei.«

»Sie schlafen noch miteinander?«

Julia: »Neuerdings wieder. Sie hatten ungefähr fünfzehn Jahre getrennte Schlafzimmer, und das kannst du bestimmt an einer Hand abzählen, wie oft sie in dieser Zeit miteinander geschlafen haben. Sie haben beide schon ziemliche Probleme mit ihrer eigenen Sexualität. Meine Mutter hat auch von einem Verlobten vor dem Krieg erzählt, der, wie sie meinte, ganz behutsam und vorsichtig war. Und das war für sie wohl unheimlich schön. Der ist dann aber gefallen. – Vati ist sicher auch nicht so ein Draufgängertyp, schon wegen seiner Ängste, aber sie konnte ihm auch nie sagen, was ihr nicht gefällt oder auch, *was* ihr gefällt.«

»Konntest du früher mit deiner Mutter über deine Sexualität sprechen?«

Julia: »Nein. Ich weiß, daß meine Mutter sehr enttäuscht war, als sie erfahren hat, daß ich mit vierzehn schon mit einem Mann geschlafen habe. Beziehungsweise umgekehrt. Sie hat es ein Jahr später erst erfahren; ich habe es mal angedeutet. Da meinte sie, das würde sie schlimm finden: Vertrauensmiß-brauch, Vertrauensbruch. – Auch hat die Art, wie ich aufge-klärt worden bin, mich nicht gerade ermuntert, noch weitere Fragen zu stellen oder von mir aus etwas zu erzählen. Ich habe von meiner Mutter nur gehört, daß es das männliche Glied gibt, das sich versteift und so weiter – die übliche Story halt. Völlig ungenau, ohne irgendwelche Gefühle zu erwähnen, die dabei auftauchen. Was Lust angeht, das habe ich vorher *indirekt* mitgekriegt. Zum Beispiel habe ich mir früher gern die Brust massiert, mich einfach angefaßt an der Brust, als ich eine bekommen habe. Da muß ich von irgend jemandem gehört haben, daß man davon Brustkrebs kriegt. Ich glaube, es war meine Mutter. Das habe ich mir nicht eingebildet, das weiß ich noch, obwohl es mir so absurd vorkommt. Warum die das wohl gesagt hat? Damit ich mich nicht da anfasse? Vielleicht auch, damit ich mich nicht da anfassen lasse. Das hat auch eine Rolle gespielt. Also: Sexualität ist gleichbedeutend mit Schmutz, das galt sowieso; aber auch mit Krankheit und Tod?«

»Früher wurde auch immer damit gedroht, daß sich durch das Onanieren das Rückgrat auflöst und man verrückt wird.«

Julia: »Das ist ja auch die schärfste Form der Bedrohung.«
Unser Gespräch wendet sich Erinnerungen zu, in denen die Angst vor der Entdeckung auch wieder etwas Erregendes mit sich brachte.

Julia: »Ich war ja nicht gerade dumm, ich habe schon gewußt, wie ich mich erregen konnte. Das war wirklich eine scharfe Sache: Ich habe das Buch *Der Pate* in die Hände gekriegt, darin sind ein paar ganz pikante Szenen. (Manchmal habe ich auch noch solche sexuellen Phantasien.) Ein brutaler Macker, der eine Frau nimmt, und sie kann sich nicht wehren. Er legt sie auf einen Tisch und biegt ihr die Beine bis über den Kopf nach hinten. Dann wird beschrieben, wie sich die Möse darbietet, und wie er zustoßen kann, richtig haarklein. Das Buch habe ich mit elf oder zwölf in die Finger gekriegt und bin dann zu dieser Seite gekommen – ich weiß noch heute, daß es Seite 33 war. Ich habe mich tierisch erregt. Und zwar habe ich das gelesen, während meine Eltern ferngeguckt haben. Ich saß daneben und wurde total feucht und heiß zwischen den Beinen. Vielleicht hatte ich sogar schon einen Orgasmus. Ich habe immer wieder diese Stelle gelesen, also praktisch einen Porno.

Mein schlechtes Gewissen dabei war nicht wirklich angstvoll, es war ein Lustmoment. Dieses: sogar noch im gleichen Zimmer! Ich hätte ja auch woanders hingehen können. – Das habe ich dann auch mit einer Freundin zusammen gelesen, der ich das gezeigt habe.«

»Du hast dich nicht dafür geschämt?«

Julia: »Na ja. Ich hätte mit meinen Eltern nicht darüber geredet. Mit der Freundin zusammen hatte ich schon das Gefühl, daß es schmutzig ist, daß wir sozusagen dreckig darüber lachen. Etwas später habe ich mir dann von meinem Vater *Lolita* geben lassen, diese Geschichte, in der ein älterer Mann einen Teenie aufreißt, ein dreizehnjähriges Mädchen. Irgendwo hatte ich mal gehört, daß *Lolita* ein Buch sei, das nicht ganz anständig wäre. Genau dieses ›nicht ganz anständig‹ hat mich gereizt. Da habe ich möglichst unschuldig meinen Vater gefragt, ob ich das mal lesen könnte. Dann habe ich wie verrückt nach solchen Stellen wie im *Paten* gesucht, aber das hat ewig gedauert, bis ich endlich eine gefunden hatte, wo es wirklich zur Sache ging. Auch einen Roman aus einer Fernsehzeitung fand ich toll, einen Schundroman, in dem eine Frau vergewaltigt wurde und diesen Typen aber nachher sogar noch heiratet. Nach langem Haß kam dann endlich das andere, glühende Gefühl in ihr hervor.«

»Tat er ihr dann leid?«

Julia: »So ungefähr. Natürlich war er nachher das personifizierte schlechte Gewissen, ein junger Schloßherr, und in einer Gewitternacht ist er ihr auf einem schmalen Weg begegnet. Da ist es über ihn gekommen, als er ihr in ihren halbzerrissenen Klamotten begegnete. Das hat mich auch immer unheimlich fasziniert, dieses: arm und hilflos und halb nackt sein, und dagegen so ein mächtiger, reicher Mann. – Die Folge hätte ich mir am liebsten rausgeschnitten.«

»Das sind wohl die Vorläufer der Phantasien.«

Julia: »Klar, damit habe ich phantasiert. Aber ohne zu onanieren. Wie das ging, wußte ich damals noch nicht, wahrscheinlich habe ich mich das auch noch nicht getraut. Mir ist auch schleierhaft, was ich eigentlich für ein Gefühl zu meiner Möse hatte, bevor ich angefangen habe zu onanieren. Dabei ist das nur fünf, sechs Jahre her. Ich habe mir, glaube ich, damals nie so richtig zwischen die Schamlippen gefaßt. Eigentlich bin ich viel eher angefaßt *worden*, als daß ich mich selbst angefaßt habe. Das ist doch *Wahnsinn!*

Ich bin ziemlich viel angefaßt worden, habe mich oft anfassen lassen. Und wie oft mir Typen dabei wehgetan haben! Ich hab' auch eine Abneigung gegen lange Fingernägel. Und irgendeiner hat mich mal mit langen, schmutzigen Fingernägeln angefaßt. Ich weiß, daß ich es eklig fand. Der hatte überhaupt kein Gefühl dafür, was mir weh tat. Aber ich habe auch nichts gesagt! Ich hatte auch schon Angst vor diesem Griff zur Hose. Diese Teenie-Freundschaften, die liefen schon nach diesem Schema ab.

Bezeichnend ist auch, daß ich oft gar nicht in die Typen verliebt war. In den ersten war ich verliebt, mit vierzehn, der mich damals auch entjungfert hat. Aber das war für mich dann

auch keine Frage der Lust, sondern des ›Sich-Liebe-Kaufens‹.
Daran habe ich ganz unangenehme Erinnerungen.«

»Das gehörte zu deiner Rolle: Wenn du mit ihm zusammen
sein wolltest, mußtest du auch mit ihm schlafen?«

Julia: »Ja. Und das hat weh getan. *Unheimlich weh getan.*
Vorher war es, glaube ich, ganz o. k., streicheln oder mich von
ihm streicheln lassen. Das war nicht so schlimm, vielleicht
sogar ganz schön. Ich weiß es nicht mehr. Aber dann dieses
Miteinander-Schlafen, das war ganz furchtbar.«

»Hast du nicht überlegt zu sagen, daß du aufhören willst?«

Julia: »Ja. Aber da hatte dieser Teufelskreis angefangen: daß
ich einerseits unheimliche Angst hatte, und dieser andere in
mir, der wollte mich genau diese Angst spüren lassen. Das war
auch so ein Quälen. Einerseits Neugierde, andererseits ein
Quälen, mich dieser Angst auszusetzen. Das war echt panisch,
ich hatte unheimliche Angst. – Ich hätte ja sagen können: Nein.
Der hat mich ja nicht *gezwungen.* Aber ich habe nichts gesagt.

Ein Grund, es auszuhalten, war auch dieses ›Frau-sein-
Wollen‹. Ich hatte das Gefühl, ich muß es machen, um eine
richtige Frau und erwachsen zu sein. Ich fühlte mich danach
auch viel erwachsener.

Ich erinnere mich, daß ich ziemlich müde war und auf einmal
einen wahnsinnigen Schmerz gespürt habe, so daß ich auch
nichts mehr sagen konnte. Aber diesen Schmerz, den habe ich
noch total in Erinnerung, das hat mich richtig zerrissen. Es war
echt traumatisch, das ›Erste Mal‹. Später habe ich dann schon
die Zähne zusammengebissen. Jetzt fällt mir auch ein Film ein,
den ich bestimmt vorher gesehen habe, den ich auch sehr
angstmachend fand. Das war auch eine Liebesgeschichte, und
der ganze Film lief auf die Hochzeitsnacht hinaus. Und nach
der Nacht war am nächsten Morgen das Laken zu sehen, mit
ganz viel Blut. Und dazu dramatische Musik, merkwürdige
Musik, bedrohlich und düster. Ja, mit viel Blut auf dem Laken.
– Vielleicht hatte ich danach auch so ein Gefühl wie: Ich will
das jetzt hinter mich bringen. Ich dachte auch: Danach tut es
nicht mehr weh, und irgendwann wird es dann schön.

Mit dreizehn war ich auf Klassenfahrt, und da war ein

älteres Mädchen dabei, die als Flittchen verschrien war. Die hat auch solche Sprüche geklopft, wie: Na ja, so richtig schön wird es erst beim zehnten Mal. Ich glaube, ich habe dann gezählt. Sozusagen: Jetzt habe ich schon ein paarmal, jetzt könnte es eigentlich langsam schön werden. Ich habe es mit dem Dirk, das war der nette Knabe, ja auch noch einige Male probiert.«

»Du hast also auch gehofft, daß es schön wird für dich? Es war nicht nur ihm zuliebe, sondern auch die Suche danach, etwas zu finden, was dir gefällt?«

Julia: »Ja, *in Gedanken*! Aber wirklich vorstellen konnte ich mir das nicht, daß das mal schön sein würde. Ich habe es so unangenehm empfunden, diesen Penis in meiner Scheide. Das war schrecklich. Fremd und bedrohend, Schmerz machend. Aber irgend etwas hat mich da weitergetrieben. Vielleicht hat mir damals schon auch das Leiden gefallen. Auf jeden Fall habe ich sehr gelitten.

Ich habe mich ja quasi auch vergewaltigen lassen, mit fünfzehn. Es war ganz schrecklich. Aber wenn ich zurückdenke, ich hätte es eigentlich verhindern können, vielleicht auch nicht. Ich glaube, daß ich *so einem starken Druck* ausgesetzt war, daß ich es nicht verhindern konnte – Druck von allen Seiten her. Das war im Urlaub in Bayern.

Mit einem anderen Freund, nach dem Dirk, habe ich zwar nicht geschlafen, aber der war auch so brutal genug. Der hat auf mir solche Bums*bewegungen* gemacht, ohne in mich einzudringen. Aber am nächsten Morgen hatte ich blaue Flecken auf dem Schambein. – Dabei habe ich auch die Zähne zusammengebissen.

Das ist doch Irrsinn! Ich habe es nur über mich ergehen lassen! Da war nichts erotisch oder schön. Ich wollte *Zärtlichkeit*! Ich wollte als Frau ernstgenommen werden. Dazu gehörte das eben. Ich war auch immer mit älteren Jungen zusammen, von denen ich dachte, die erwarten das von mir. Ich hatte ein fast krankhaftes Liebes- oder Wärmebedürfnis, das habe ich sehr früh auf die Männer losgelassen.

Gleichzeitig haben mich diese Erfahrungen von den anderen

in meiner Klasse entfernt. Das waren wirklich noch Kinder; ich war echt der Vorreiter da. Auf der Schule bin ich auch mit einem Typen gegangen, der ziemlich begehrt war. Mir war er körperlich unangenehm; das war nämlich genau so einer mit breiten Schultern und Wespentaille, ein halber Neandertaler. Er war in mich verliebt, und ich *nicht* in ihn. Trotzdem bin ich mit dem gegangen. Alleine das Gefühl, daß der in mich verliebt war, das hat mir schon gutgetan. Da war ich ihm vielleicht so dankbar – [*lacht*] –, daß ich getan habe, als wäre ich auch verliebt. Ich war unheimlich auf der Suche – nach Geborgenheit und allem, was ich zu Hause nicht gekriegt habe, nicht die Bohne. Alles nur so vermittelt über Intellekt und über Dinge, nicht körperlich.

Ich hatte in der Zeit ja auch noch ziemlich viele Komplexe, fand mich häßlich, hätte mich auskotzen können und dann wegwerfen. Ich hatte ein völlig verzerrtes Bild von mir. Das ging so weit, daß ich nachts geträumt habe, ich würde am nächsten Morgen mit einem ganz anderen Aussehen aufwachen.

Diese Entwicklung, dies ›Alles-über-sich-ergehen-Lassen‹ fand in dem Urlaub in Bayern seinen Höhepunkt. Da hatte ich den Elmar kennengelernt, einen aus dem Ort. Der sah ziemlich gut aus, was schon wichtig war, so ein bißchen Prestige. Obwohl niemand da war, vor dem ich hätte repräsentieren können. Aber ich habe mir vorgestellt, wie toll das wäre, wenn mich jetzt meine Freundinnen, meine Quasi-Freundinnen sehen könnten. Im Grunde habe ich mich über die erhoben, hatte 'ne gewisse Art der Arroganz, aber in Wirklichkeit habe ich darunter gelitten, daß ich nicht anerkannt war, nicht richtig zu ihnen gehörte. Mit Elmar lief das alles sehr heimlich ab. (Heimlich kann für mich unter Umständen auch sehr schön bedeuten.) Ich war dort mit meinen Eltern und meiner Tante, da durfte nichts durchsickern, um Gottes willen! Ich habe alleine im Erdgeschoß geschlafen. Und da haben wir uns halt so verabredet, daß ich das Fenster auflasse, richtig dirndlmäßig. Die Pensionswirte hatten auch noch einen Hund, es mußte also alles ganz leise gehen, es war wirklich ein *Exzeß von Heimlich-*

keit. Es durfte kein Geräusch gemacht werden, wenn er auf die Fensterbank gestiegen ist. Dann hat der Hund tatsächlich mal gebellt ... es war also wirklich aufregend. Und es war für mich eine tolle Möglichkeit, Lust zu haben. Also gleichzeitig wieder verbunden mit Angst. Mit Elmar habe ich auch geschlafen. Das hat mich zwar nicht gerade erregt, aber es hat zum ersten Mal nicht weh getan, und ich hatte schöne Gefühle dabei. Ich war zwar weit davon entfernt, einen Orgasmus zu haben, aber es war angenehm und auch zärtlich, was auch daran lag, daß er nicht so ein ungehobelter Klotz war.

An einem Abend kamen mal ein paar Typen angefahren, mit Motorrad oder mit dem Auto. Ich fand das stark, daß die alle ein Auto hatten: das war ein Zeichen, daß ich erwachsen bin. Die haben mich gefragt, ob ich zu einer Fete mitkommen will. Sie haben mir erzählt, auch Elmar wäre dort. Das stimmte aber gar nicht. Ich bin mitgefahren. Das hatte wieder zwei Seiten: die haben mich überrumpelt, und ich habe mich überrumpeln lassen.

Auf der Fete habe ich Cola-Whisky getrunken. Die haben mir immer halb Cola, halb Whisky eingefüllt. Am Anfang habe ich das noch gemerkt, aber ich habe es halt trotzdem getrunken und war nach einiger Zeit ziemlich blau. Die Typen auch. Dann wurde Flaschendrehen gespielt. Und ich *selber* habe einge-bracht, daß der, auf den die Flasche zeigt, einen Striptease machen muß. [Julia lacht.] Mein Lachen gerade kommt daher, weil ich mich immer noch schäme, weil ich das alles noch nicht so ganz verkraftet habe. – Die Flasche hat auf ein Mädchen gezeigt, die das aber nicht machen wollte. Und irgendwann habe ich gesagt – auch so vor diesem Hintergrund, dem Bild, das die von mir hatten: ein Mädchen, das aus der Großstadt kommt und so weiter – also ich habe dann angeboten: Ich mache das für fünf Mark. So ganz umsonst wollte ich mich nicht verkaufen, so ungefähr ›Billigpreis, Winterschlußverkauf‹. Das war die Scham, die ich später empfunden habe, daß mich sozusagen eine Sekunde lang der Teufel geritten hat. Die Scham, daß *ich* das gesagt habe. Das war schon ganz stark masochistisch. – Ich habe mich tatsächlich ausgezogen, für fünf Mark. *Völlig, völlig!*

Ich war stockbesoffen, die hatten mich auch besoffen gemacht. Aber ich hatte es auch mit mir machen lassen. Stell' dir das mal vor: vor diesen geilen, ekligen, besoffenen Typen! Deswegen habe ich auch noch unheimliche Schuldgefühle, mir selber gegenüber.

Danach habe ich den großen Heulkrampf gekriegt, wollte, daß wir den Elmar suchen fahren, wollte zu ihm. Da habe ich mich schon sehr geschämt. Christian, ein Typ von dieser Gruppe, ist dann mit mir losgefahren. Der bog dann aber in einen Waldweg ab zu einem See. Irgendwie war ich dann wohl nackt, oder ich wollte baden. Ich war ja vollkommen besoffen. Die Erinnerung an alles ist ein bißchen vernebelt. Als wir wieder im Auto saßen, wollte der mit mir bumsen. Das ging aber nicht, der hat ihn nicht richtig hochgekriegt. Ich bestand nur noch aus Schuldgefühl, sogar dafür habe ich mich schuldig gefühlt: Ich konnte ihm doch nicht antun, daß er keinen hochkriegt. Es ist comic-reif. Aber so war es! Praktisch als Entschädigung dafür habe ich mich durchgerungen, seinen Schwanz in den Mund zu nehmen. Und das war total zum Kotzen. Es war sogar nach meinen Erfahrungen von früher die Hölle. Aber ich hab's *gemacht*, der hat mich nicht gezwungen. Er hat mir schon gezeigt, daß er was wollte, aber ich bin auch gleich darauf eingegangen. Nein, der hätte mir nichts getan, das war nicht der abgebrühte Typ. Ich hätte den schon vor den Kopf schlagen können. Na ja, damals nicht.

Dann hat er mich nach Hause gefahren. Ich war froh, endlich im Bett zu sein und bin wie tot eingeschlafen. Mitten im Schlaf merkte ich, daß sich etwas im Zimmer bewegte. Ich hatte das Fenster offengelassen, und da waren drei Leute eingestiegen. Zuerst wußte ich gar nicht, wie viele es waren, ich habe nur die Umrisse gesehen. Die fingen an, sich an mir zu schaffen zu machen, drei Stück! Da war ich *nüchtern*, aber ich war noch völlig im Schlaf und habe nur so gemurmelt: Laßt mich doch in Ruhe! Haut doch ab! Ich konnte auch nicht laut sein, dann hätte es einen Skandal gegeben. Das *wußten die auch*. Also war ich denen völlig ausgeliefert. Da war zu viel Druck – meine Eltern, meine Tante. Oh, Schande über mich.

Die haben also an mir rumgefummelt, so eklige Typen, mich dann auch an der Scheide angefaßt, so richtig befummelt und begrabscht. Und ich habe halt nur versucht, zu verstehen zu geben, daß ich keinen Bock darauf habe und daß sie abhauen sollen. Zwei sind dann endlich gegangen. Aber der eine hat es nun unbedingt darauf angelegt und wollte mit mir bumsen. Er hat sich dann auch auf mich raufgelegt, aber irgendwie hat es nicht geklappt. Vielleicht ist er auch ein bißchen in mich eingedrungen. Er hat mich nicht richtig gebumst, aber ich hatte schon das Gefühl, vergewaltigt zu sein. Also das hätte es auch nicht mehr gemacht, ob das nun gewesen wäre oder nicht. Der nächste Tag war ganz furchtbar, als ich dann restlos nüchtern war. Da hätte ich mir einen Strick nehmen können. Da hätte ich mich vor Scham echt umbringen können.

Später habe ich dann, wieder im Urlaub, den Willi kennengelernt. Mit ihm habe ich zum ersten Mal eine rundum schöne Sexualität erlebt, oder überhaupt gespürt, daß ich eine eigene hatte. Ich war völlig verliebt in ihn, das war nicht vergleichbar mit den vorherigen Beziehungen. Als ich dann in der ersten Nacht bei ihm geschlafen habe, ist nichts passiert außer Ankuscheln. Das war total neu für mich, daß von dem Jungen überhaupt kein Druck kam. In einer Nacht danach hat er mich ganz schön gestreichelt. Da bekam ich auch meinen ersten Orgasmus. Das war ein ganz irres Erlebnis. Ich dachte: Das träume ich ja! Ich war völlig weg. Bei allem so völlig ohne Angst zu sein, das konnte ich gar nicht fassen. Ich hatte vorher noch nie Petting gemacht und wußte gar nicht, was ich umgekehrt mit ihm machen könnte, daß ich ihn auch durch Streicheln zum Orgasmus bringen könnte. Als er das mitbekam und wir darüber sprachen, war er völlig von den Socken: Das gibt es doch nicht! Wo ich schon so oft von Männern gebumst worden bin, sozusagen. Und das weiß ich nicht. Ich lag da und bin knallrot geworden, und er hat meine Unsicherheit nicht ausgenutzt. Nach und nach hat er mir – nicht in derselben Nacht – ganz behutsam alles erklärt, erst das Anatomische mit Vorhaut und Eichel. Und auch, wie alles funktioniert. Ich hatte unheimliche Angst, und das hat er gemerkt. Er hat es geschafft, mir einen Großteil davon zu nehmen, indem er mich zum Beispiel mit seinem Pimmel gestreichelt hat, und zwar nie, wenn er steif war, sondern immer, wenn er ganz klein und schlacksig war. Dieses steife Gerät hatte mich ja praktisch immer traktiert. Bis zu der Zeit hatte ich auch noch geglaubt, daß man nur schwanger werden kann, wenn Mann und Frau gleichzeitig einen Orgasmus haben. Ich wußte wirklich nichts.

Probleme gab es mit Willi erst, als wir miteinander schlafen wollten. Da hatte er Schwierigkeiten. Ich hätte es mir gerade mit Willi schön vorstellen können, mehr als ein sanftes Ineinandergleiten. Was mich unheimlich abstößt, ist dieses schnelle Auf und Ab, wenn der Mann beim Bumsen erregt ist.«

»Blieb eure Sexualität so angstfrei?«

Julia: »Was blieb war, daß *er* keinen Druck gemacht hat. Ich habe mich öfter unter Druck gestellt, daß es schön sein *muß*.«

»Daß es für ihn schön sein muß?«

Julia: »Für mich auch. Aber für ihn immer. Daß das Miteinander-Schlafen nicht geklappt hat, war für mich ein ganz schöner Druck: Ihm bloß nicht das Gefühl geben, daß er versagt hat. Trotzdem habe ich mich in dieser Beziehung viel mehr kennengelernt. Es ist bezeichnend, daß ich damals angefangen habe zu onanieren. Es war so ein Aha-Erlebnis, als er mich auf eine ganz bestimmte Art gestreichelt hat und ich dadurch zum Orgasmus gekommen bin. Da habe ich überhaupt erst meine Klitoris entdeckt. Zu Hause im Bett habe ich dann versucht, alles zu finden. Das war recht spannend, und ich habe es auch geschafft, zu onanieren. Da war ich richtig glücklich: Wahnsinn, daß es geht.«

Julias Jugend ist gekennzeichnet von einer ununterbrochenen Suche nach Wärme, Zärtlichkeit und Beachtung – Gefühle, die sie während ihrer Kindheit schmerzlich vermißt hat. In ihrem Ringen um Anerkennung und liebevolle Wertschätzung nimmt sie die gröbsten Kränkungen und Verletzungen in Kauf; dieses Verhalten findet seine Zuspitzung auf dem Urlaubsfest, auf dem sie die Bilder ihrer Demütigung schließlich selbst und aktiv in Szene setzt. Was sie erzählt, mag zeigen, wie wenig Julia es lernen konnte, »sich zu mögen«. Sie sah sich bereits als Kind zur Versagerin abgestempelt. Dieses Empfinden scheint so tief in ihr verwurzelt, daß ihre weitere Geschichte immer wieder von der zwanghaften Erwartung bestimmt wird, doch noch ein sie liebendes, sie akzeptierendes Gegenüber zu finden. Hierzu macht sie sich zum Objekt männlicher Wünsche und ordnet sich schonungslos dem Begehren anderer unter. Statt der ersehnten Zuwendung aber erfährt sie die Folgen in brutaler Form als gegen sich gewandt.

Wichtig für das Auftreten masochistischer Phantasien erscheint uns die von Julia beschriebene Angst, sich sexuell fallenzulassen. Möglicherweise spielen dabei ähnliche Momente wie bei Franziska eine Rolle: Hingabe, sinnliche Entgrenzung wird nur unter der Bedingung möglich, daß ein anderer die Kontroll-Funktion übernimmt. Nur indem ein mächtiger, phantasierter Partner für die Aufrechterhaltung der Grenzen sorgt, kann der andere die seinigen gefahrlos preisgeben.

Eine andere Phantasie hat Julia im zweiten Gespräch geschildert. Sie deutet darauf hin, wie Julia mit ihrer Hilfe erlittene sexuelle Gewalt zu verarbeiten sucht: In ihrer Vorstellung kokettiert sie mit einem ihr äußerst unangenehm und bedrohlich wirkenden Mann und geht sexuell auf ihn ein. Seine Beschreibung erinnert an die Männer, die sie zu Ende des für sie traumatischen Festes im Urlaub nachts überfallen haben. Die phantasierte Wiederholung der real erlittenen Ängste ließe sich als Verarbeitungsstrategie interpretieren: Indem sie sich als diejenige phantasiert, die die Situation ganz und gar in der Hand hat, kann sie mit dem Mann spielen, seine Lust entfachen, sich annähern und sich wieder abwenden, was ihr in der Wirklichkeit nicht möglich gewesen war. In der Phantasie beherrscht sie ihn – er ist ihr ausgeliefert.

In Julias Sexualität treten zwei Tendenzen immer wieder in den Vordergrund: Zum einen begibt sie sich stets aufs neue in die Hände von Männern, die ihre Bedürfnisse rigoros übergehen und sie ausnutzen, zum anderen beschreibt sie, wie ihre

Lust besonders in Situationen des Heimlichen und Verbotenen entfacht wird. Sie selbst gibt wenig Anhaltspunkte für eine Deutung dieses Verhaltens. Sie erwähnt, daß die Gefahr der Entdeckung oder das Gefühl des Unanständigen sie in zusätzliche reizvolle Spannung versetzen. Dieser Lustgewinn ließe sich damit in Verbindung bringen, daß Julia von klein auf alle sexuellen Berührungen als verboten und verwerflich erlebt hat. Das könnte dazu geführt haben, daß schließlich das Verbotene selbst sexualisiert und von ihr als erregend empfunden wurde.

Franziska: »Mit den Phantasien funktioniert alles total sicher.«

Franziska: »Das Interviewthema ist mir gerade ganz nah, weil ich viel darüber nachdenke, wie ich selbst mit mir umgehe. In der letzten Zeit ging's mir nicht so gut, ich habe mich ziemlich gestreßt gefühlt und hatte dann auch wieder viele dieser kaputten Phantasien. Je schlechter es mir ging, um so mechanischer waren die Phantasien und um so brutaler. Der ganze Ablauf beim Onanieren, wie ich mit mir umgegangen bin, das war total mechanisiert, *völlig* lieblos. – Vorgestern habe ich es seit längerem mal wieder genießen können, mit Michael zu schmusen, es war schön und auch erregend. Aber er mußte dann weg, und ich hatte die ganze Spannung noch im Bauch, ich hatte keinen Orgasmus gehabt und war aufgedreht. Und obwohl ich ein gutes Gefühl hatte und auch das Zusammensein schön gewesen war, habe ich wieder mit solchen Phantasien onaniert. Ich habe gemerkt, wie mir das den ganzen Tag nachgehangen hat. Michael kam abends zurück, da wollte ich überhaupt nicht mit ihm schmusen, nur einschlafen: Weil ich ihm das gar nicht erzählen mochte. Das hat mich runtergezogen und bedrückt. Aber ich schiebe diese Probleme immer nur weg, gehe da nicht richtig ran.«

»Weißt du, was du mit den Phantasien erreichen möchtest, wobei sie dir helfen sollen?«

Franziska: »Da ist eigentlich nur der Wunsch nach Erregung. Mit den Phantasien funktioniert alles total sicher: Die erregen mich immer. Während ich phantasiere, habe ich noch kein schlechtes Gefühl, da ist nur diese Spannung da. Aber ich empfinde es schon als sehr genitale Sexualität, es fehlt völlig dieses warme Strömen im Bauch. Meistens merke ich das auch gleich hinterher. Dann habe ich ein leeres Gefühl. Es sei denn, ich lenke mich nach dem Orgasmus ganz schnell ab, mache irgend etwas anderes. Nur um das nicht aufkommen zu lassen.

Beim Onanieren habe ich nie schöne Phantasien, es sind immer irgendwie erniedrigende Bilder. Allerdings gibt es Abstufungen, von milderen bis zu ziemlich harten Vorstellungen. Ich merke manchmal, daß ich, wenn das eine mich nicht erregt, springe, mir härtere Phantasien mache.

Das hängt damit zusammen, wie es mir geht: ob ich ausgeglichen bin, zufrieden und relativ ruhig oder gestreßt und voller Spannungen. Mildere Phantasien sind Verführungssituationen, zum Beispiel, daß wir mit der Schule auf Klassenfahrt sind, daß ich krank werde und alleine in einem Zimmer schlafe und der Lehrer sich dann mit mir einschließt und anfängt, mich an der Klitoris zu streicheln bis ich schließlich einen Orgasmus kriege. Meistens stelle ich mir Lehrer vor, die ich gar nicht mochte. Trotzdem finde ich es nicht direkt widerlich in der Phantasie, eher so hilflos-ausgeliefert: Ich *muß* das mit mir machen lassen, wenn ich in seiner Gunst bleiben will. Das Grundthema ist immer dasselbe: Ich bin in irgendeiner Form abhängig, sei es als Lehrling vom Geschäftsinhaber oder als Mieterin vom Wohnungsbesitzer. Die Männer können die Einwilligung zur Sexualität von mir verlangen oder erpressen, weil sie mich in der Hand haben. Es läuft immer auf dieser Schiene. Direkte Vergewaltigungsphantasien, also daß ich zum Beispiel überfallen werde und mich tatsächlich sträube und wehre, habe ich nicht. [*Pause.*] Obwohl ich das auch in Frage stellen könnte, wo die Grenze ist. Es ist mir selber unklar, was das nun genau für Phantasien sind, weil ich in ihnen ja immer Lust habe. Aber es sind immer Drucksituationen. Vom Schema her sind es immer solche Phantasien, in denen ich bedrängt werde. – Mit wirklichen Wunschphantasien kann ich nicht zum Orgasmus kommen. Wenn ich mir bei der Selbstbefriedigung etwas vorstelle, was ich mir wirklich wünsche, kommt manchmal ein ganz warmes Gefühl in mir auf. Doch geht es dann nicht weiter. Ich spüre die Sehnsucht und werde nur traurig, weil ich merke, daß das ein ungelebter Wunsch von mir ist.

Ich habe als Kind und auch als Jugendliche noch gar nicht richtig gewußt, was Onanie eigentlich ist. Nicht die Onanie war etwas speziell Verbotenes, darüber wurde gar nicht gesprochen. Ich glaube eher, die ganze Art, wie mit Sexualität umgegangen wurde, wie das alles, Lust und Körperlichkeit, aus dem Leben ausgeklammert wurde, steht im Zusammenhang mit meinen sexuellen Schwierigkeiten. – Mir sind jetzt wieder Phantasien und Spiele aus der Kindheit eingefallen, als ich so zwischen fünf und sieben Jahre alt war. Spiele, die ich erregend fand, obwohl ich damals nicht richtig onaniert habe. Manche Elemente aus heutigen Phantasien sind damals schon aufgetaucht. Zum Beispiel habe ich mich nachts im Bett nackt an die Wand gestellt und mir vorgestellt, daß viele Leute an mir vorbeiziehen und mich ansehen. Diese Vorstellung war peinlich und schamvoll und gleichzeitig erregend. Dabei hatte ich immer große Angst, daß meine Eltern reinkommen könnten. Was vielleicht noch ein zusätzliches Spannungsmoment war: diese Angst hatte etwas Erregendes. In einem anderen nächtlichen Spiel habe ich mir kleine Bürstchen in meinen Po gesteckt – von Scheide oder Möse wußte ich noch gar nichts – und mir ausgemalt, ich würde nackt mit ganz vielen Fähnchen und Federn geschmückt und damit ausgestellt oder vorgeführt.«

»Woher hattest du die Ideen dafür?«

Franziska: »Das weiß ich überhaupt nicht. In Zeitungen oder auf Werbeplakaten sind Frauen ja oft so dargestellt, und Fernsehen habe ich eine Menge geguckt. Vielleicht habe ich diese Bilder von irgendwelchen Revuen oder Shows aufgeschnappt. In der Pubertät hatte ich keine solchen Phantasien, sondern Wunschträume von heftigster Verliebtheit. Dabei habe ich mich zwar nach Zärtlichkeit und Sexualität gesehnt, aber es mir nicht konkret ausgemalt. Es waren meistens herzzerreißende und höchstdramatische Begegnungen, wie in Hollywood-Filmen. Das waren auch meine damaligen Lieblingssendungen, bei denen ich oft heulen mußte vor Ergriffenheit.

Allerdings erinnere ich mich, daß ich so mit 12, 13 Jahren auch von Büchern, die ich gelesen habe, sehr mitgerissen wurde. Ich habe damit nicht onaniert, aber sie haben mich schon erregt. Zum Beispiel *Fanny Hill.* Im Grunde ein Porno, aber ich hab's mir über einen ganz soliden Buchclub bestellt. Die Bezeichnungen, die darin für die Genitalien benutzt werden: Schwert und Schaft – er stieß sein Schwert bis zum Anschlag in ihren Schaft. Irgendwie fand ich das angstmachend oder obszön, aber eben auch erregend. Da sind auch so voyeuristische Szenen drin, zum Beispiel guckt die Fanny Hill, als sie in einem Bordell angelernt werden soll, durch so eine Art Guckloch, während eine ältere Nutte mit einem Typen bumst, und das erregt sie dann auch. Aber ich bin mir ziemlich sicher, daß ich mir selbst zu dieser Zeit nicht solche Phantasien ausgedacht habe, sondern nur diese romantischen Geschichten.«

»War dir als Kind klar, daß du bei deinen Spielen etwas Verbotenes tust?«

Franziska: »Ich hatte jedenfalls große Angst davor, entdeckt zu werden: daß meine Eltern schimpfen oder mich irgendwie entsetzt angucken würden. Dieses Schamgefühl war schon ganz deutlich ausgeprägt. Ich wußte nicht genau, was ich da machte, konnte es nicht benennen. Aber für mich hatte alles den Charakter des Heimlichen und Nicht-Erlaubten. Ich habe niemandem davon erzählt, auch Freundinnen nicht. Das war ein Geheimnis.«

»Wann haben deine Eltern das erste Mal mit dir über Sexualität geredet?«

Franziska: »Ich war etwa acht Jahre, als meine Mutter mich aufgeklärt hat. Ich erinnere mich, daß ich äußerlich völlig desinteressiert war. Weiß aber nicht mehr, ob ich es wirklich war oder ob ich nur so getan habe und da schnell drüber hinweggehen wollte. Auf jeden Fall habe ich nicht groß nachgefragt. Völlig ungläubig war ich nur, daß der Penis irgendwo bei mir reingehen sollte. Das wollte ich nicht glauben und meinte auch immer, das ginge doch nicht und das könnte doch nicht sein.«

»Hattest du das Gefühl, daß es deiner Mutter leichtgefallen ist, mit dir zu sprechen, oder tat sie das eher ungern und aus Pflichtgefühl?«

Franziska: »Sie mußte sich schon einen Schubs geben, es hatte etwas Peinliches für sie. Ich glaube, daß sie mir an dem Tag auch noch erzählt hat, daß, wenn Mann und Frau sich lieben, die Männer ganz aufgeregt würden und auch schwerer atmen und anfangen zu zittern. Die Frauen aber nicht. Das hat mich irgendwie noch mehr gewundert, wahrscheinlich fand ich es auch bedrohlich, aber ich hab' so getan, als ob es mich nicht weiter interessieren würde.«

»So wie du deine Kinderphantasien beschrieben hast, waren es ja nicht harte masochistische Vorstellungen, mehr ein Zur-Schau-Gestellt- und Beguckt-Werden, vielleicht Bestaunt-Werden?«

Franziska: »Es war etwas ganz Beschämendes für mich, völlig nackt den Blicken der anderen preisgegeben zu sein. Oder auch mit diesen ganzen Stöckchen und Fähnchen am Körper, wie Frauen manchmal wirklich zurechtgemacht werden, mit Federn wie bunte Vögel. Es hatte etwas davon, zu einem aufreizenden Lustobjekt gemacht zu werden.

Ganz deutlich erniedrigend fand ich die Vorstellung, daß ich nackt auf einen Platz in der Öffentlichkeit hingestellt werde – wie an den Pranger. Ich mußte dastehen, und die Menschen zogen an mir vorbei und konnten mich alle nackt sehen. Tatsächlich wollte ich als Kind nicht nackt gesehen werden. Als ich das erste Mal mit dem Sportverein ein paar Tage weggefahren bin, war ich völlig entsetzt, als die Betreuerin anfing, die Kinder zu duschen. Ich habe mich immer davor gedrückt, das hätte ich nie mit mir machen lassen, daß sie und die anderen Kinder mich nackt sehen. Das hat sicherlich auch mit Zuhause zu tun, weil da alles so verklemmt ablief.

Als ich kleiner war, so mit fünf, sechs Jahren, da haben wir Spiele gehabt, in denen das Entblößt- und Bestraft-Werden die zentrale Rolle spielte. Ein beliebtes Spiel bestand in folgender Abmachung: Einem von den Kindern aus dem Haus wurde die Hose runtergezogen, und er oder sie bekam von den anderen Kindern eine hinten drauf gehauen, als eine Art Bestrafung. Wenn nur der Rock hochgehoben wurde, war es die schwächere Stufe des Spiels, auf den nackten Po war es viel spannender. Das haben wir im Hausflur gespielt, wo natürlich die Erwachsenen vorbeikommen konnten. Wir sind auch nicht in die hinterste Ecke gegangen.«

»Und wann kamen Phantasien, in denen du zum Lustobjekt wurdest, nach der Pubertät wieder auf?«

Franziska: »Das war ungefähr mit 20 oder 21 Jahren. Davor hatte ich nie einen Orgasmus, habe auch nicht richtig onaniert. Dann hab' ich in einem Frauenbuch etwas über Selbstbefriedigung gelesen, wie man das überhaupt machen kann. Danach hatte ich meine ersten Orgasmen bekommen. Ich glaube, da fing das auch an, daß ich mir so Geschichten dabei ausgemalt habe. Später hatte ich auch oft Phantasien, zumindest Bruchstücke und einzelne Bilder, wenn ich beim Zusammen-Schlafen zum Orgasmus kommen wollte.«

»Wie war das mit den Phantasien, als du angefangen hast zu onanieren, war das o. k. für dich?«

Franziska: »Ich habe mir nicht so viele Gedanken darüber gemacht. Es hat mich erregt, und ich kam damit zum Orgasmus. Das stand erstmal im Vordergrund. Da ist mir der Charakter dieser Phantasien noch gar nicht aufgefallen.«

»Was sind das für Männer in deinen Phantasien?«

Franziska: »Unangenehme. Wie gesagt, bei den Lehrern waren es die angstbeladenen Autoritäten. Ich bin in der Hierarchie immer unterhalb von diesen Männern. Heute sind es nur noch Phantasiegestalten, solche, mit denen ich in Wirklichkeit gar nichts zu tun haben wollte. Ja, mir fällt auf, daß die mich auch nicht interessieren, daß ich zum Beispiel gar keine Lust hätte, sonst mal etwas mit denen zu unternehmen. Sie sind als Person unwesentlich geworden. Insofern benutze ich die ja auch: als Rollenfiguren, die mich dazu bringen, daß ich erregt werde. Irgendwie sind sie gesichtslos, fast körperlos. Komisch: Es sind wirklich nur die Situationen und die Rollen ausschlaggebend.«

»Aber du bist in der Situation drin? Oder bist du nur Zuschauerin?«

Franziska: »Ich bin es. Und ich spüre es. Aber ich sehe mich da nie als Franziska rumlaufen, mit meinem Gesicht, meinem Körper und meiner Kleidung. Vielleicht ist es so wie in einem Film. Wenn man sich mit einer Person identifiziert, dann fühlt man auch mit. Aber trotz dieser Zwangssituation empfindet die Frau oder empfinde ich in den Phantasien immer Lust dabei. Es kommt nie vor, daß ich mir vorstelle, ich mache da irgendwas oder es geschieht etwas, wovon ich innerlich völlig angewidert bin oder verzweifelt. Ich bin in der Phantasie selbst immer erregt.«

»Siehst du einen Zusammenhang zwischen dem Unpersönlichen deiner Phantasien und deinem Umgang mit Sexualität, deinen Schwierigkeiten dabei?«

Franziska: »Auf eine Art entheben mich diese Zwangssituationen von ganz schön viel Druck: Die Männer in den Phantasien haben an mich nicht die Erwartung, daß ich erregt bin, ich muß in dieser Hinsicht nichts leisten. Wahrscheinlich macht es das für mich leichter, meine Lust einfach kommen zu lassen – weil sie eben nicht kommen muß.

Ich kann mich allgemein in der Sexualität nur schwer fallenlassen, mich nicht ganz und gar reingeben. Ich glaube, daß ich noch zu viel Angst habe. So abstrakt sehne ich mich zwar nach so etwas wie Rausch, wünsche ich mir total, so völlig wegzusinken und zu verschmelzen. Aber ich lasse es nie so weit kommen. Und mit den Phantasien schaffe ich auch Distanz: Ich kann meine Erregung zwar leichter zulassen, aber gleichzeitig gebe ich mich nicht wirklich der Situation und meinen eigenen Gefühlen hin. Ich kann meine Lust in Gang setzen oder abbremsen, wie ich will. Das spüre ich auch sehr deutlich: Wenn ich beim Zusammen-Schlafen phantasiere, bin ich in einer eigenen Welt. Dann fühle ich mich auch viel einsamer als ohne diese Gedanken im Kopf. Insofern sind die Phantasien auch ein Schutz, eine Grenze zum andern. Warum ich solche Angst vor der Hingabe habe, weiß ich allerdings nicht. Es steckt wohl tief drin bei mir, daß man sich nicht so ›vergessen‹ darf. Lust hatte in unserer Familie immer etwas mit Liederlichkeit und fehlendem Anstand zu tun. Zum Beispiel habe ich lange Zeit beim Orgasmus nicht gestöhnt, kein Geräusch gemacht und mich nicht bewegt. Es sollte bloß keiner merken, daß ich so etwas habe.«

»Wie waren denn deine ersten sexuellen Erfahrungen mit Männern?«

Franziska: »In meiner ersten längeren Beziehung war Sexualität ein riesiges Problem. Das hing wohl damit zusammen, wie ich mich überhaupt in der Beziehung gefühlt habe. Ich habe nicht so ganz dahintergestanden, fühlte mich vereinnahmt und total beansprucht. Ich war innerlich sehr zwiegespalten und zweifelnd. Genauso war die Sexualität: verklemmt und ängstlich. Ich konnte auch mit Bernd nicht schlafen. Wir haben es oft versucht, aber es tat mir zu weh, es ging nicht. Das war ein unheimlicher Druck für mich, ich kam mir ganz unnormal vor, hatte auch Angst, daß körperlich etwas bei mir nicht stimmt. Ich bin zu mehreren Frauenärzten gegangen – das ist so ein Kapitel für sich: wie *blöde* die da alle reagiert haben. Manche waren nur ratlos, aber manche auch *total* blöde. Danach kam ich mir erst recht nicht ganz normal vor. Das war schon ein richtiger Komplex. Weitergeholfen oder länger mit mir darüber geredet, woran das liegen könnte, hat keiner.

Ich hatte Angst vor dem ersten Mal, und ich habe es mir auch nicht so innigst gewünscht. Es fehlte dieses Eindeutige: Ja, ich will es jetzt probieren. Von meinen Bedürfnissen her hätte ich das lieber noch umgangen. Meine eigenen sexuellen Wünsche waren für mich genauso unklar wie mein Gefühl zu der ganzen Beziehung. Beim ersten Mal, als Bernd mich an der Möse gestreichelt hat, war ich auch immer kurz davor zu sagen: Ich will das nicht. Ich habe es aber nicht gesagt. Das ist ganz typisch in meinem sexuellen Werdegang, dieses Abwarten, Zögern und Mit-mir-machen-Lassen. Sonst habe ich das Schmusen schon genossen. Dieses Gefühl von Vertrautheit und Geborgenheit dabei, das habe ich gesucht. Vielleicht wäre, wenn das Zusammen-Schlafen mal geklappt hätte, die Sexualität auch lustbetonter geworden. Ich habe im Grunde die Grenzen der Sexualität bestimmt, nämlich, daß es an der Lustgrenze aufhörte. Das konnte ich wohl nicht mehr zulassen. Praktisch habe ich die Sinnlichkeit aus unserer Beziehung ausgegrenzt.«

»Und mit Michael?«

Franziska: »Da hatte ich das Gefühl, daß ich so Stück für Stück freier werde, daß das eine dauernde Entwicklung ist. Mit ihm war auch das Zusammen-Schlafen total unproblematisch, jedenfalls hatte ich keine Schmerzen und fand es auch schön. Aber nach einiger Zeit gab es Probleme, weil das gegenseitige Begehren so ungleich war. Ich war viel weniger aktiv, hatte weniger Lust.«

»Waren deine sexuellen Wünsche damals schon auf Erregung und Lust gerichtet oder standen für dich Wärme und Geborgenheit im Vordergrund?«

Franziska: »Wärme und Geborgenheit waren wichtiger. Zärtlich zu sein, die Körper zu fühlen: das habe ich genossen. Wenn wir zusammen geschlafen hatten – da hatte ich ja noch keinen Orgasmus – und wenn Michael dann seinen Orgasmus hatte, dann habe ich mich ihm oft total nah gefühlt. Nach dieser Nähe habe ich mich gesehnt, das andere ging weitgehend an mir vorbei. Daß ich da nun total abgeflippt wäre, das passierte nicht. Das wurde nach einiger Zeit eben zum Problem in unserer Beziehung, es hat mir selber auch unheimlichen Druck gemacht, weil ich ja merkte: da stimmt was nicht.«

»Hast du denn etwas vermißt?«

Franziska: »Ja. Mir fehlte dieses ganze Gefühl, mich sexuell zu erleben, zu spüren, ausgefüllt zu sein. Es ging mir schlecht damit, daß ich das gar nicht so intensiv genießen konnte. Ich hatte das Gefühl, daß da noch mehr kommen muß. Aber das hätte ich damals nicht so klar sagen können. Auch heute fällt mir das noch schwer, genau zu sagen, was *ich* will. Ich weiß es einfach oft nicht, es bleibt für mich selbst diffus.«

Das Gespräch wendet sich der Frage zu, warum Frauen ihre Bedürfnisse oft nicht benennen können, warum die eigenen erotischen Sehnsüchte nur verschwommen zutage treten. Franziska sagt dazu: »Als ein Freund mich fragte, ob ich noch nie einen Orgasmus hatte – da war ich 15 –, wurde mir klar, daß ich überhaupt keine Vorstellung davon hatte, was das ist. Ich dachte, das käme automatisch beim Zusammen-Schlafen. Ich habe auch nicht versucht, das rauszufinden. Ich denke, aus Angst. Es hatte für mich etwas Bedrohliches. Und es war auch peinlich, darüber zu sprechen. Erst hat mich diese Äußerung sehr aufgewühlt, aber dann habe ich alles wieder verdrängt.

Meine Vorstellung konkretisierte sich später an Hand einer Stelle aus Hemingways *Wem die Stunde schlägt*, in der umschrieben wird, wie die weibliche Hauptperson ihren ersten Orgasmus erlebt – natürlich gleich in der ersten Nacht und reichlich mystifizierend: völlig überwältigend, so daß die Erde gebebt hat. Da hatte ich dann wohl auch die Vorstellung, daß die Sexualität mit einem Mann automatisch so großartig sein müßte, daß man, ohne recht zu wissen, wie einem geschieht, in einem Sturm von Verschmelzung und Glück mitgerissen wird. Ich glaube, das war immer als Maßstab und Wunschvision in meinem Kopf. Aber ich wußte überhaupt nicht, was ich dazu tun könnte. Ich glaubte, es müßte so über mich kommen. Diese rauschhaften Sehnsüchte machten es für mich um so bedrückender und unbegreifbarer, daß mich meine eigenen Gefühle beim Zusammen-Schlafen eben nicht hinwegrissen. – Ich habe als Jugendliche, so bis ich etwa zwanzig war, überhaupt nicht über Sexualität geredet, auch meinen Freundinnen nichts über meine sexuellen Probleme erzählt, sie mir auch nicht.«

»Warum läßt du das nicht zu, daß ›bei dir nichts abgeht‹? Oder kannst du das zulassen?«

Franziska: »Aus der Erfahrung, daß Michaels Unzufriedenheit mit unserer Sexualität sich auf die ganze Beziehung auswirkt, sie zum Teil unerträglich macht und alles überschattet. Wenn unser Begehren längere Zeit ungleich war, war mir klar, daß es wieder Schwierigkeiten gibt. Schon diese Ahnung macht mir Druck und Angst. Angst vor einer unausgesprochenen Vorwurfshaltung: Ich genüge nicht. In erster Linie ist das der Grund, wenn ich meine Lust mit den Phantasien herbeizwinge und weniger das Gefühl, daß mir selbst sonst etwas abgeht.

Diesen Kreislauf habe ich auch noch nicht durchbrochen: Ich glaube, ich tue sogar viel dafür, daß es in diesen Bahnen weiterläuft – indem ich die ganze Problematik immer verdränge. Vor einiger Zeit war ganz stark die Vermutung in mir: Die Tatsache, daß ich keine Lust habe, oder nicht so viel Lust auf Sexualität mit Michael, ist ein Zeichen dafür, daß ich die

Beziehung eigentlich nicht will. Und das hat mir dann solche Angst gemacht, daß ich alles wieder weggepackt habe. Denn sollte das stimmen, dann hieße das ja auch, ich müßte die Beziehung abbrechen. Und das kann ich überhaupt nicht an mich ranlassen. Und der andere Weg, unsere Sexualität zu verändern, so daß es auch für mich befriedigender wird, haut irgendwie nicht hin, obwohl wir uns das schon oft vorgenommen haben. Ich glaube, da lasse ich mich auch gehen, suche nicht so richtig und probiere nicht rum, was ich nun gerne mögen würde. – Und weil ich mit den Phantasien eigentlich immer Lust haben kann, ist mit ihnen ein ganz reibungsloses Funktionieren gewährleistet: Ich kann mit Michael schlafen, bin dabei sogar noch erregt, und wenn ich nicht groß nachdenke, ist alles in Ordnung.«

»Das ist dann ja eine ganz schön gerissene Bewältigungsmaschinerie. Alles, was von dir erwartet wird oder was du auch selbst von dir verlangst, kannst du so in dem Apparat unterbringen, daß es sogar noch Lust macht, bis zu einem bestimmten Grad – und so paßt dann alles.«

Franziska: »Das ist auch das Gefährliche an den Phantasien, damit mache ich mich so verfügbar. Im Grunde betrüge ich mich damit selbst.«

Franziska schildert in einem Vorgespräch, daß sie ein verständiges und angepaßtes Kind war, ein freundliches Mädchen. Es sei ihr immer wichtig gewesen, gelobt zu werden, eine gute Schülerin zu sein. Sie habe stets große Angst vor Vorwürfen der Eltern gehabt, obwohl sie selten Anlaß dazu geboten und sich sehr an deren Erwartungen orientiert habe. Eigensinnigkeit hätten diese nicht geduldet.

Was sie über ihre Sexualität erzählt, ergänzt dieses Bild: Sie ist sich ihrer Bedürfnisse äußerst unsicher und läßt sich weitgehend von den Initiativen der Partner leiten. Es scheint, als ob ihr eigenes Begehren als ferne, ungreifbare Wolke über ihr schwebte, ohne daß sie sagen könnte, was sie sich konkret erhofft und ersehnt. Somit bleibt ihr Wunsch nach dem

Rauschhaften unfaßbar. Durch ihre abwartende, passive Haltung macht sie es sich und dem Partner im Grunde unmöglich, sich diesen Träumen tatsächlich anzunähern.

In ihren Beziehungen fühlt Franziska sich sexuell unausgefüllt, es fehlt ihr Intensität. Grundlegenden Auseinandersetzungen geht sie lieber aus dem Weg, aus Angst vor möglichen Konsequenzen, etwa einer Trennung. Damit verharrt sie im Gegebenen. Die sexuellen Phantasien helfen ihr, sich in Situationen der Unzufriedenheit, Verklemmung und Diffusität einzurichten: Phantasierend kann sie jederzeit ihre Lust heraufbeschwören und den sexuellen Erwartungen ihres Partners gerecht werden. Weiterhin zeigen ihre Schilderungen, daß sie mittels der Phantasien ihre eigenen Gefühle unter Kontrolle behält, wodurch sie ihrer Angst vor dem Grenzverlust entgegentritt. Es ist zu vermuten, daß sie durch diese Verhinderung wirklicher Leidenschaft ihren verinnerlichten Ansprüchen nach Ordnung, Selbstbeherrschung und Sittsamkeit nachkommt.

Damit sind die vielfachen Funktionsweisen von Phantasien angedeutet: Sie ermöglichen oder erleichtern das Aufkommen von Lust, und gleichzeitig sind sie eine Schutzmaßnahme gegen das Überflutende und Hinwegreißende eines gesteigerten Lustempfindens. Aus der Vielfalt möglicher Funktionen läßt sich die tiefe psychische Bedeutung sexueller Phantasien erklären; auch der Umstand, daß es so wenig hilft, sich solche Phantasien zu ›verbieten‹.

Die Amerikanerin Jessica Benjamin hat sich in einem Aufsatz mit dem heiklen Problem der Freiwilligkeit in der Sexualität am Beispiel der *Geschichte der O.* beschäftigt. Auf spannende Weise zeichnet sie nach, warum gerade die Ungleichheit in erotischen Beziehungen oder entsprechenden Phantasien für Menschen mit einer bestimmten Angststruktur zur Vorbedingung für deren Hingabe werden kann: Das Ich des masochistischen Parts wird durch das berechnende ›coole‹ Gegenüber vor der befürchteten völligen Auflösung geschützt: Wären Selbstaufgabe und Kontrollverlust beidseitig, wäre dieser Halt verlo-ren; »das Ich des masochistischen Teils könnte sich nicht mit dem kontrollierenden Teil identifizieren.[1] Damit würde Hingabe zum wirklich unkontrollierbaren Risiko. »Wer seine Grenzen aus freien Stücken aufhebt, anstatt sie von jemand anderem durchbrechen zu lassen, der seinerseits seine Grenzen wahrt, ist dem Grenzenlosen, dem beängstigenden Unbekannten ungeschützt preisgegeben. Möglicherweise speist sich also das Streben nach Ungleichheit in erotischen Beziehungen und letztlich nach der Herstellung von Herrschafts-Knechtschafts-verhältnissen primär aus der Angst vor dem Ich-Verlust, vor der Grenzenlosigkeit.«[2] Dieser Zusammenhang könnte erläutern, warum in Franziskas Phantasien immer autoritätsbeladene Männer auftauchen, zum Beispiel ihr unsympathische Lehrer oder Vorgesetzte, und warum diese starren Rollen sich auch während der Begegnung nie verändern. Eine wirkliche Annäherung, ein gemeinsames Versinken, würde sie als starke Bedrohung erleben und somit ein Sich-Ausliefern an die eigene Lust verunmöglichen.

Anmerkungen

1 Jessica Benjamin, Herrschaft und Knechtschaft: Die Phantasie von der erotischen Unterwerfung, in: Snitow/Stansell/Thompson (Hrsg.), Die Politik des Begehrens, Berlin 1985, S. 106.
2 Ebd., S. 90.

2

Wie Frauen ihre Phantasien erleben und einschätzen

In diesem Abschnitt wollen wir uns der – negativen und positiven – Bedeutung der Phantasien für das Selbstbild der Frauen zuwenden. Wir fragen nach Funktionsweisen und Entstehungsbedingungen. Wobei wir uns noch immer eng an die Selbsterfahrung der Frauen halten wollen, wie sie in den Gesprächen und auf der *Sommeruniversität der Frauen* zum Ausdruck kamen. Die dort kontrovers geführte Diskussion ist eine anschauliche Ergänzung zu den Einzelgesprächen und macht noch einmal deutlich, wie wichtig es ist, auf die Mehrdeutigkeit sexueller Phantasien zu achten.

»Mit den Phantasien bin ich ganz allein in meiner Welt.« – Umgang mit den Phantasien

Nahezu alle Frauen benutzen Phantasien als Lustquelle bei der Onanie, beim Geschlechtsverkehr hingegen wird das Bild viel uneinheitlicher. Einige Frauen phantasieren überhaupt nicht, andere nur bei unbefriedigend erlebtem Sex, wieder andere müssen phantasieren, um überhaupt Lust erleben zu können.

Schon bei der Selbstbefriedigung werden Phantasien, die in irgendeiner Form auch masochistische Züge aufweisen, selten akzeptiert. Dies gilt in noch viel stärkerem Maße für Phantasien, die das Zusammensein mit einem Partner oder einer Partnerin begleiten. Den meisten Frauen fällt es schwer, dem oft krassen Widerspruch standzuhalten, den sie erleben zwischen der Sexualität, die sie leben möchten, der Frau, die sie sein wollen, und den Bildern, die sie erregen.

»Es ist mir absolut unmöglich«, sagte eine Frau während der *Sommeruni*, »diese Phantasien als positiv zu erleben, da sie alles symbolisieren, was ich schrecklich finde.« Eine andere:

»Es kotzt mich an, daß diese Phantasien auch in partnerschaft-
licher Sexualität da sind. Das ist für mich reduzierte Sexualität.
Aber mein Vorsatz, damit aufzuhören, haut nicht hin.«

In allen Gesprächen wird die Angst erwähnt, mit anderen,
auch in Frauengruppen, über die Phantasien zu reden; die
Angst davor, die einzige zu sein, die so ›verdreht‹ ist; die Angst,
in den Augen der anderen als nicht ganz normal zu gelten oder
bestenfalls Reaktionen verwunderter Skepsis zu erfahren. Alle
erlebten es als Erleichterung zu hören, daß viele andere Frauen
sich mit ähnlichen Nöten herumschlagen und daß auch derartige Phantasien sich ergründen lassen.

Durch die lange Tabuisierung des Themas blieben die meisten
Frauen mit ihren Selbstzweifeln alleine, und Wege der Veränderung wurden erschwert. Auch zeigte sich die Unmöglichkeit,
nur durch einen inneren Beschluß oder Willensakt selbstbe-
stimmtere Phantasieinhalte zu entwickeln, da gerade diese dann
als wenig oder gar nicht erregend empfunden wurden.

Viele Frauen beschreiben, daß sie ihre Lust und Sexualität
mit Phantasien anders erleben als ohne: genitaler, begrenzter,
kontrollierter. Das »warme Strömen im Bauch«, das Flie-
ßende, die wirkliche Hingabe fehlen: »Es sind für mich zwei
Arten von Sexualität, zwei ganz verschiedene Geschichten:
einmal, wenn ich *ganzheitlich* sexuell bin, und dann mit diesen
Phantasiebildern. Ich empfinde mich anders, ich empfinde
meine Haut anders. Ich erlebe mich als zwei mögliche sexuelle
Personen. Mit den Phantasien ist meine Lust härter, stumpfer
und bleibt nur in der Genitalgegend, sie breitet sich nicht in mir
aus. Der Orgasmus ist dann auch nur kurz, es ist kein richtiges
Wegsinken.«

Alle Frauen sind sicher, daß sie sich eine Verwirklichung von
Unterwerfungsphantasien nicht wünschen. Nur im geschütz-
ten Raum der eigenen Einbildungskraft können sie zu einer
Lustquelle werden, jede Nähe zur Realität würde diesen Effekt
zunichte machen. Trotz dieser deutlichen Grenzziehung haben
sie fast immer ein schlechtes Gewissen angesichts solcher
Luststimulanz. Nicht nur den emanzipatorischen Bemühungen

und Forderungen widersprechen derartige Vorstellungen, auch den gesellschaftlichen Erwartungen, nach denen weibliche Sexualität als liebevoll und zärtlich gilt, ohne Aggressivität und Gewalt, die allenfalls einer krankhaften Triebhaftigkeit zugeordnet werden. Erst in letzter Zeit wird dies als Zähmung, als Ausgrenzung alles Wilden und Unbändigen kritisch aufgefaßt.

Heftig umstritten blieb während der *Sommeruni* der Umgang mit erniedrigenden Phantasien. Einige Frauen betonten, daß erst, seitdem sie ihre Phantasien offen zuließen, diese weniger bedrohlich wirkten und an Gewalt und Härte abgenommen hätten. Andere stellten dies in Frage. Diese Frauen hoben die Wechselwirkung zwischen Phantasie und Realität hervor, sie wollten derartige Leidens- und Gewaltphantasien nicht akzeptieren, weil sie befürchteten, dies könne zu einer Veränderung des eigenen Selbstbildes oder sogar der eigenen Persönlichkeit führen.

A.: »Mir haben die Phantasien bei der Überwindung einer gewissen Angst geholfen; diese Angst ist für mich auch immer sehr diffus gewesen, so ganz grob: Angst vor Sexualität. Ich lehne eine negative Wertung der Phantasien ab. Erstmal geht es darum, sie zulassen zu können. Was heißt denn überhaupt ›schöne‹ Phantasien?!«

B.: »Es geht doch darum: Darf in der Phantasie etwas anderes passieren als in der Realität, vielleicht sogar das Gegenteil von dem, was man in der Realität will? Oder muß das konform sein, muß das übereinstimmen?«

C.: »Ich kenne das auch mit dem Film, der im Kopf abläuft. Allerdings ist meine Rolle darin sehr unterschiedlich: Einmal bin ich auch Opfer, also in ganz schlimmen Phantasien, und in anderen Situationen bin *ich* die Auswählende. Das wechselt, wahrscheinlich je nach Stimmungszustand. Ich glaube, daß Träume und Phantasien immer das hochbringen, was man selbst erstmal nicht akzeptieren, nicht sehen will. Deswegen kämpfe ich darum, meine Phantasien zu akzeptieren. Ich möchte mich einfach ansehen, auch in diesen Vorstellungen: *welche* Rollen ich da immer annehme. Da tritt mir doch etwas entgegen, womit ich ums Verrecken nichts zu tun haben will. Ich bin der Meinung, daß Schuldgefühle genau aus diesem Zwiespalt entstehen, daß Ansprüche nicht erfüllt sind, die man an sich selber hat. Aber geht es nicht darum, daß man sich kennenlernt, auch die Phantasien akzeptieren lernt und dadurch herausfindet, was man wirklich will, was einem wirklich Spaß macht?«

D.: »Für mich gehören Aggressionen auch zur Sexualität. Damit meine ich nicht diese Negativform von Vergewaltigung. Aber Sexualität ist eine Triebkraft, die etwas Aggressives hat. Und weil das nicht sein soll, kommt man irgendwie auf den Dreh und verbindet das in seinen Phantasien mit den gängigen Stereotypen, die uns im Kopf sind.«

E.: »Ich habe die Erfahrung gemacht, daß *Schuldgefühle* wegen der sexuellen Phantasien absolut verheerend sind, viel schlimmere psychische Auswirkungen haben als die Phantasien selbst. Manchmal habe ich meine Phantasien als sehr befreiend empfunden. Und zeitweise haben sie mir Schuldgefühle gemacht. Diese Schuldgefühle empfand ich als wirklich zerstörerisch. Die haben mich so gehemmt, daß ich nicht mehr richtig denken konnte und Konzentrationsstörungen bekam. Leute, die mich näher kannten, dachten, ich hätte einen Dachschaden, so weit ging das.«

F.: »Seit sich meine Einstellung zu den Phantasien verändert hat, habe ich nach dem Orgasmus kein so schales Gefühl mehr. Früher habe ich das nur als Spannungssteigerung mit einem abrupten Abbruch erlebt. Danach fühlte ich mich total elend. In Partnerbeziehungen hat sich das verändert, da brauche ich diese Phantasien nicht mehr. Früher waren sie notwendig, um mich hochzubringen. Das hat sich verändert, weil ich die Phantasien erstmal annehmen konnte. Das hat zwar unheimlich lange gedauert, aber im Endeffekt zu diesem Umschlagen geführt.«

G.: »Das ist schon ein Negieren, wenn du sagst: Ich brauche sie jetzt nicht mehr!«

F.: »Das ist ja auch schwierig, weil die Moral natürlich dagegen ist! Als Realität könnte ich das immer noch nicht akzeptieren. Ich kann es als Phantasie akzeptieren, weil ich es für mich geschafft habe, Phantasie und Realität getrennt zu sehen. In der Realität habe ich zu Unterwerfung und Unterdrückung eine Moral, da lehne ich das ab und verteidige diese Einstellung auch.«

H.: »Ich mache diese Trennung auch. Finde sie aber sehr problematisch, weil ich nicht weiß, ob sie richtig ist. Denn ich frage mich, ob diese Phantasien sich nicht auch auf die Realität auswirken und mich beeinflussen.«

I.: »Du meinst, daß es eine künstliche Trennung ist?«

H.: »Ja. Ich trenne wahrscheinlich, um mich zu schützen. Oder um mir überhaupt zu erlauben, diese Phantasien zu denken. Aber ich fürchte, daß diese Phantasien ganz stark auf mein Selbst wirken und darauf, wie ich mich in der Realität verhalte. So daß ich mich tatsächlich leicht masochistisch verhalte.«

K.: »Das befürchte ich auch. Phantasien sind Handlungen, die man sich als möglich vorstellt. Warum also sollten nicht, wenn phantasierte Situation und Realität einander nahekommen, die Phantasien dich auch beeinflussen? Ich glaube, daß Phantasie und Realität wechselseitig aufeinander einwirken.«

L.: »Das stünde aber im Widerspruch zu dem, was am Anfang gesagt wurde. Denn das hieße, daß eine Brücke geschlagen werden könnte zu der Wirklichkeit.«

M.: »Phantasien verändern dein Selbstbild.«

H.: »Deshalb finde ich es auch so problematisch, damit umzugehen. Wenn ich die Phantasien einfach zulasse und das wirkt sich tatsächlich auf mein Selbst aus, müßte ich dann nicht eher ganz, ganz massiv etwas dagegen tun?«

Im Fortgang der Diskussion betonen alle Frauen, daß sie sich die Umsetzung ihrer phantasierten Geschichten in tatsächliche Sexualpraktiken oder reale Erlebnisse nicht wünschen. Bei denjenigen, die einige Phantasien doch an der Realität überprüfen wollten, zeigte sich, wie weit phantasiertes und tatsächliches Erleben voneinander entfernt sind.

O.: »Wenn ich mir tatsächlich vorstelle, mir passiert ›das‹, dann bin ich das nicht. Ganz klar, nein! Nicht aus Schuldgefühlen. Ich will das nicht, basta!«

P.: »Ich habe damals immer gesagt: Diese Phantasien sind ein Stück von mir, das möchte ich ausleben. Und als es daran ging, das zu realisieren, bin ich ausgeflippt. Ich wußte genau: *Das* will ich nicht! Heute weiß ich das, trotzdem gehen die Phantasien nicht weg. Ich denke, es ist wichtig, Phantasien zu akzeptieren, auch wenn sie erschreckend sind. Ich muß jedoch wissen, daß ich sie nicht ausleben *muß*.«

Auf die Polarisierung zwischen Hinnehmen und strikter Ablehnung sind wir auch in den Einzelgesprächen gestoßen. Wir sehen in den Phantasien einen Niederschlag erlittener psychischer Verformung und ›Beschädigung‹. Genau darum sind solche Phantasien nicht zwangsläufig Ausdruck tatsächlicher Unterwerfungswünsche. Das zeigt sich auch dann, wenn Frauen ihre Gefühle in Situationen realer Bedrohung schildern: Sie fühlen sich benutzt und ausgeliefert, fern jeder Lust. Die Annahme, daß ihre Phantasien eine Frau unbemerkt, quasi hinter ihrem Rücken masochistischer werden lassen, geht von der Voraussetzung aus, daß sich masochistische Phantasien ohne weiteres in reale Erniedrigungswünsche oder masochistische Charakterzüge ›übersetzen‹ lassen. Diesem Kurzschluß tritt Margarete Mitscherlich entgegen: »Aufgrund der vielfältigen Verknüpfungen von Realität und Phantasie ist es notwendig, masochistische Phantasien von Strafbedürfnissen und masochistischen Charakterzügen zu unterscheiden.«[1]
Wir wollen nicht für eine naiv bejahende Haltung gegenüber masochistischen Phantasien plädieren. Nicht jede neue Variante phantasierter Lust stellt, wie Nancy Friday nahelegt, eine Bereicherung sexueller Vielfalt dar. Blinde, unkritische Annahme jeglicher *Phantasie*produktionen übersieht, was darin oft zum Ausdruck kommt: die Behinderung der Fähigkeit, sexuelle Wünsche und Gefühle direkt, unverstellt äußern und zulassen zu können. In unseren Gesprächen mit Anne, Franziska und Ulla wurde deutlich, daß Unterwerfungsphantasien häufig eigene unbefriedigende Lebenssituationen abbilden und gleichzeitig zu einer Aufrechterhaltung dieses Zustandes beitragen, insofern phantasierte Lust auch

reale Lust vermittelt. Reflexionen und Konflikte – innere und ausgetragene – werden vermieden zugunsten eines äußerlich reibungslosen sexuellen Funktionierens. Knapp und treffend faßte dies eine Teilnehmerin der *Sommeruni* zusammen: »Der Mann nimmt die Frau. Die Frau nimmt ihre Phantasien. Die Lust funktioniert, die Beziehung läuft.«

Dieser blind pragmatische Umgang mit masochistischen Phantasien wird genau dann durchbrochen, wenn Frauen sich stärker mit ihrem Selbstverständnis und ihrer Geschichte auseinandersetzen und die Inhalte der Phantasien daraufhin untersuchen, inwieweit sie Widerspiegelung einer entfremdeten Sexualität, Ausdruck von Hemmungen und Schuldgefühlen sind. Persönliche Veränderungen sind nicht zu erreichen auf dem Weg erneuter Tabuisierung oder Unterdrückung eigener Gedanken, von Impulsen oder Phantasien, sondern nur durch eine Dynamik von Reflexion, Selbsterkenntnis und dem Probieren neuer Verhaltensweisen.

»Meine Mauern einreißen lassen« – *Funktionen der Phantasien*

Hinter dem offensichtlichen Effekt der Phantasien, Lust zu steigern oder ›hervorzuzaubern‹, verbergen sich weitere Konsequenzen. Diese offenbaren sich vor allem dann, wenn Frauen davon erzählen, wie sich ihre Phantasien beim Zusammen-Schlafen auswirken. Einer der wichtigsten Momente ist der des Distanzschaffens, der Abwehr zu großer Nähe, was den Frauen allerdings erst im Rückblick bewußt wurde. Dieser Aspekt vor allem wurde auf der *Sommeruni* ins Blickfeld gerückt.

A.: »Vielleicht habe ich Angst vor meinen eigenen starken Gefühlen.«

B.: »Dieses Sich-Hingeben bedeutet auch eine Selbstaufgabe. Wenn ich mir die Phantasien mache, gebe ich mich selbst nicht ganz auf. Dann brauche ich mich nicht total auf mein Gegenüber einzulassen.«

C .: »Ich glaube nicht, daß sich die Phantasien aufdrängen. Das ist ein ganz aktiver Akt: um die Situation, in der ich bin, in irgendeiner Form abzuwehren. Irgendwas ist da nicht o. k. Das kann verschiedene Ursachen haben: Der Mann ist nicht der Richtige, oder ich will mich auf die Situation nicht einlassen, oder ich will sie zu sehr. Die unterschiedlichsten Gründe. Was immer gleich bleibt, ist, daß ich mit den Phantasien in diesem Moment aus der Realität rausgehe. Obwohl ich dem Menschen, mit dem ich zusammen bin, körperlich ganz nah bin, funktioniert trotzdem das Gehirn als Auslöser der Erregung. In gewisser Hinsicht ist es auch ein Benutzen des Mannes. Mein Freund merkt es, wenn ich aus der Situation rausgehe, und kommt sich dann benutzt vor. Er hat recht. Ich vermute, daß ich in dem Moment ganz bewußt bei mir bleiben und die andere Person gar nicht an mich heranlassen will. Darin liegt ja auch eine Machtausübung: Ich allein, ich kann kontrollieren, ob ich Phantasien haben will, ob ich mich errege, ob der Orgasmus kommen soll – die andere Person hat darauf gar keinen Einfluß. Das ist wie ein Triumph – ein merkwürdiger Triumph. Ich kann nicht sagen, daß es großartig ist. Aber ich merke, das ist so ein die ›Kontrolle-behalten-Wollen‹, die Situation-bestimmen-Wollen.«

D.: »Ich hatte lange Zeit Gewaltphantasien. Daß ich irgendwie unterdrückt werde. Die habe ich gebraucht, um überhaupt zum Orgasmus zu kommen, damit ich mich ausliefern konnte, damit ich überhaupt den Zustand erreiche. Für mich hat das mit Angst vor dem Orgasmus zu tun. Hinter dem Wunsch, mich fallen zu lassen, drohte die Angst, mich aufgeben zu müssen. Und dann nimmt mich jemand anderes und macht irgend etwas mit mir, was unheimlich gefährlich werden kann.«

Dieses autistische Moment der Phantasiefunktion wurzelt in der Angst, die Kontrolle über sich und die Situation zu verlieren. Ihr steht, als genauer Widerpart, der Wunsch nach Auflösung und Hingabe, nach Kontrollverlust entgegen. Durch ihre Doppelgesichtigkeit können Phantasien beiden Bestrebungen gerecht werden: Die Präsenz der Phantasie –

egal, welcher Art sie ist – rückt die Frau in eine eigene Welt. Innerlich ist sie nicht ganz und gar dem Geschehen, dem anderen und ihren Gefühlen ausgeliefert. Als Schöpferin ihrer Vorstellungen steuert und beeinflußt sie ihre Lust und behält die Fäden in der Hand. Gleichzeitig können durch die imaginierten Inhalte der Phantasien, durch Bilder des Zwanges und Genommen-Werdens, Schuldgefühle angesichts der eigenen Lust gemindert werden. Das kann Hingabe erleichtern, vielleicht überhaupt erst ermöglichen.

Wir meinen, in diesem Zwiespalt, in den widerstreitenden Bedürfnissen zwischen dem Wunsch nach Kontrollverlust und gleichzeitiger Angst davor, liegt ein zentrales Problem der weiblichen Sexualität. Das Zusammentreffen der geschilderten Funktionen – Aufbau von Distanz und gleichzeitige Befreiung von Schuldgefühlen durch masochistische Sexualphantasien – macht begreiflich, warum gerade Frauen, die sexuell ängstlich sind, die Schwierigkeiten haben, sich vom Partner abzugrenzen und eigene Bedürfnisse zur Geltung zu bringen, sich mit masochistischen Phantasiebildern konfrontiert sehen.

»Wo die Zeiten unendlich langsam sind.« – Entstehungsbedingungen der Phantasien.

Auf die Frage nach Ursachen der Phantasien erhielten wir in den Gesprächen nur fragmentarische Antworten. Einigen Frauen blieb es ein völlig ungeklärtes Rätsel. Im folgenden Diskussionsausschnitt werden die Spuren und Hintergründe masochistischer Phantasieentwicklung verfolgt. Zwei wesentliche Erklärungsstränge haben sich dabei angedeutet: die Phantasien werden verstanden als Tribut an das eigene Gewissen oder als versteckte Äußerung unterdrückter aggressiver Impulse. Beides soll kurz erläutert werden.

Auch für viele Frauen unserer Generation sind Lustgefühle noch mit dem Ruch des Unsittlichen, Verdorbenen und Schamlosen behaftet. Der Kontrollverlust im Moment sexueller Entäußerung scheint fest mit dem Verlust von sittlichem Anstand assoziiert. Die alten Mythen des Abgründigen, Unheilbringenden und Verwerflichen zügelloser Leidenschaft und Begierde blieben als Drohung erhalten, auch wenn die Frauen sich längst auf äußerlich befreite sexuelle Umgangsformen eingelassen haben. Die meist unbewußten inneren Verbote stehen dem Bedürfnis und der Sehnsucht nach Erfüllung, Hingabe und Grenzenlosigkeit entgegen.

Phantasien, in denen die Frau zum Sex *gezwungen* wird, können diese strenge Moralinstanz besänftigen, da die imaginierte Frau der Verantwortung für das Geschehen enthoben, damit von eigener Schuld befreit ist. Das könnte erklären, warum Frauen in ihren Phantasien zunächst gegen ihren Willen zu sexuellen Handlungen gedrängt werden, nach einiger Zeit jedoch die Lust der gezwungenen Frau zum zentralen Moment der Phantasie wird. Die phantasierte Unfreiwilligkeit wird zur Vorbedingung, Lust überhaupt zulassen zu können. Doch bleibt der Zwang Phantasie. Wie immer diese entstehen und aussehen mag, Subjekt bleibt die phantasierende Frau: *Sie* phantasiert. Sie hat die Möglichkeit, über sich in dieser Situation zu entscheiden. Wirklicher Zwang oder Erpressung könnten niemals Lust auslösen. Auch masochistische Phantasien bei der Sebstbefriedigung lassen sich als Versuch der Befreiung von Schuld verstehen. Selbstgeschaffene Lust war als unnatürlich verpönt. Für die Generation unserer Eltern war Selbstbefriedigung mit so extremer Verurteilung und damit Angst verbunden, daß sie dies Thema noch nicht einmal in deutlich ausgesprochenen Verboten oder Bestrafungen an die Adresse ihrer Kinder berühren mochten.

›Selbstbefleckung‹ wurde umgeben mit bedrohlichem Schweigen, sie galt als gefährlich, als krankmachend. Darum erlebten viele Mädchen ihre ersten lustvollen Regungen bereits als beängstigend. Was unsere Gesprächspartnerinnen erzählt haben, verdeutlicht, warum selbstherbeigerufene Lust häufig noch schuldvoller erlebt wird als jede andere Form sexueller Stimulierung. Auch hierbei können Zwangsphantasien entlastend wirken und das Zulassen von Erregungsgefühlen ermöglichen: jemand, der Lust nur passiv erduldet, bleibt frei von Schuld.

Neben der Abwehr von Schuldgefühlen zeigt sich in den Phantasien auch eine Verkettung von masochistischen und sadistischen Impulsen. Die Position der Frauen in ihren Phantasien schwankt. Nicht immer beschreiben sie sich als die Ausgelieferte, häufig erleben sie sich als Zuschauerin, oder die Trennung zwischen beiden Rollen verschwimmt. Auf der *Sommeruni* wurde mehrfach ein Identifikationswechsel angesprochen. Frauen schlüpfen auch in die Rolle des Täters, versetzen sich in den männlichen Aggressor hinein. Oder sie sehen sich selbst als diejenige, die Gewalt ausübt, die den Mann demütigt, die das Geschehen bestimmt.

Eine Frau sagte dazu: »Ich kenne auch die Kombination von Gewalt-Erleiden und -Antun, wo ich beides in der Phantasie vermische. Ich habe die Gewalt und verfüge: Das und das müßt ihr tun. Und die Männer machen, was aber im Grunde wieder Gewalt gegen mich ist. Aber ich habe das vorher bestimmt.«

In diesem Wechsel zeigt sich die Zusammengehörigkeit von masochistischen und sadistischen Tendenzen. Als ursächlich für die Wahl des masochistischen Parts in ihren Phantasien nannte eine Frau ihre Angst vor der Rolle der Aktiven, Ausübenden. Vor der Rolle der ›Täterin‹. Dies entspricht sowohl den gesellschaftlichen Erwartungen als auch dem von vielen Frauen verinnerlichten Verbot aggressiver Eigenwilligkeit und Selbstbehauptung. Hier liegt eine Ursache, warum masochistische Phantasien bei Frauen verbreiteter sind und warum sie eher ins Bewußtsein gelangen als Phantasien aktiver oder sadistischer Lustausübung. Das Sichtbarwerden der aggressiven Komponente trägt ein Zeichen des Aufbegehrens gegen die auferlegte Versagung von selbstbestimmter Aktivität in sich. Jessica Benjamin schreibt dazu: »Die Impulse, die hinter erotischer Gewalt und Unterwerfung stehen, erwachsen, in wie entfremdeter, beängstigender oder pervertierter Form sie sich auch äußern mögen, aus tief verwurzelten Wünschen nach Eigenständigkeit und gleichzeitiger Überwindung der eigenen Grenzen.«[2]

A.: »Ich würde gern Hilfen haben, um herauszufinden, warum diese Phantasien, die ja meistens nicht dem entsprechen, was wir tatsächlich leben wollen, uns erregen.«

B.: »Vielleicht hat das etwas mit Totalität zu tun. – Also ich möchte die totale Hingabe oder die totale Auflösung, und Aggressivität, die sich gegen mich richtet, kann Widerstände zerstören. Widerstände, ich ich in mir trage, die mit der Zeit gewachsen sind, die ich gar nicht möchte. Ich kann in meinen Phantasien für einen kurzen Moment dem, wonach ich mich sehne, nachgeben.«

C.: »Ich kann mir das nur schwer vorstellen.«

B.: »Gewalt zerstört etwas. Und ich habe um mich herum ganz viele Mauern gebaut. Da sind Mauern, die ich wirklich brauche und andere, die ich nicht will. Weil ich das aber nicht bewußt sortieren kann und von klein auf beeinflußt bin, weil ich das alles vielleicht gar nicht genau verstehe, was da in mir gewachsen ist, sind Phantasien ein Mittel, kurzzeitig meine Mauern abzubauen und Sex fließen zu lassen.«

D.: »Ich denke auch daran, daß ein Moment der Erregung nicht unbedingt die Unterwerfung an sich ist, sondern das, was mit dem Masochistischen verbunden ist – das klingt immer so begrifflich – das Sadistische. Ich möchte das nicht umkehren, nicht sagen, die eigentliche Problematik ist der Sadismus. Ich habe Phantasien, in denen ich mich unterwerfen und ausnutzen lasse. Dann ist der Punkt, an dem die Erregung einsetzt oder einsetzen kann, der, an dem ich mich so mit dieser Gewalt, die auf mich angewendet wird, identifiziere, daß ich selbst so ein sadistisches Gefühl empfinde. Es ist fast so, als ob *nicht etwas an mir* ausgeübt wird, sondern als ob *ich selber* etwas an mir ausüben würde – ich identifiziere mich mit dieser Aggressivität.«

E.: »Das kenne ich auch, daß die Erregung darin liegt, daß ich nachvollziehe, was der Gewalttäter tut. Daß ich die Gewalt nachvollziehe. Das traue ich mich vielleicht vor mir selber nicht einmal zu denken. Und deswegen drehe ich es um.«

F.: »Bei mir ist das auch ganz fließend, so daß ich danach nicht mehr weiß: Bin ich jetzt die Frau, die unterworfen wird, oder der Typ? Oder stehe ich draußen und gucke mir das an? Es ist immer so ein Hin und Her.«

G.: »Vielleicht hängt die Rolle, die ich in meinen Phantasien einnehme, auch damit zusammen, daß ich mir ausgesucht habe, was mir in der Realität weniger Angst macht. Daß ich in meinen Phantasien masochistisch bin und das als die leichtere Position empfinde, heißt für mich, daß ich Probleme damit habe, meine Aktivität richtig umzusetzen, gerade in der Sexualität. Das ist zwar mit Gewalt verbunden und auch nicht gerade schön, und ich weiß, daß ich es in Wirklichkeit auch nie wollte, aber es macht mir Sexualität erstmal leichter.«

H.: »Gewaltphantasien, in denen ich selbst der Täter bin, machen mir viel mehr Angst und Schuldgefühle, als wenn ich umgekehrt mich als Opfer phantasiere. Das kann ich selber eher akzeptieren. Vielleicht ist das für Frauen typisch.«

I.: »Wir leben ja in einer Gesellschaft, in der sehr viel Gewalt auf Frauen ausgeübt wird. Wenn wir uns in Träumen und Gedanken aggressive Handlungen vorstellen, haben wir plötzlich die Gewalt in der Hand und nutzen sie für unsere Lust. Das sehe ich als einen Fortschritt an, gleichzeitig bleibt es Wiederholung. Es geht bis zu einer bestimmten Befriedigung, und häufig kommt danach nur ein Gefühl der Leere, wie es viele hier beschrieben haben. Von daher möchte ich das auch verstehen. Wenn man sich die Phantasien verbietet, das hilft überhaupt nichts. Mehr noch verstehen: Wieso kann ich denn meine Macht, die ich habe, die ich spüre, warum kann ich meine Kraft nicht anders in der Realität einsetzen? Z. B., daß ich mehr empfinde – oder auch mehr so kleine Siege am Tage habe. Dann könnte ich mir auch vorstellen, daß sich die Phantasien ändern. Es hängt stark mit dem Selbstwertgefühl zusammen. Wenn man daran etwas ändert, im Alltag, dann wird das auch eine Auswirkung auf die Phantasien haben.«

K.: »Nach meinen Erfahrungen lebt sich in den Phantasien etwas aus, was nicht unbedingt mit den letzten Tagen zusammenhängen muß. Deshalb ist auch der Weg über die ›täglichen kleinen Siege‹ keine Lösung. Ich habe den Eindruck, daß sich in bestimmten Phantasien Probleme aus einer Zeit widerspiegeln, die schon weit für mich zurückliegt, wo die Zeiten unendlich langsam sind, in denen ich etwas verarbeite, sich über *Jahre* hinstrecken.«

I.: »Aber der Alltag, der gibt die Mosaiksteinchen, die dieses große Bild hervorrufen. Ich stimme dir zu, es ist nicht so einfach: Das habe ich gestern erlebt und deshalb phantasiere ich heute so. Ich glaube nur, daß es eine Linie gibt, in der wir leben. – Die Frauenfeindlichkeit dieser Gesellschaft führt dazu, daß dieser bestimmte Lebensstrang jeder Frau immer wieder neu genährt wird. Durch das, was täglich passiert. Das, was täglich geschieht, ist auch in den Phantasien mit drin. Nicht nur Sachen von früher.«

L.: »Wenn ich mir bewußtmache, wieso ich solche Phantasien habe, und wenn ich mir bewußtmache, daß darin auch Hunger nach Macht steckt, den ich eigentlich noch in mir habe, und wenn ich entsprechend ganz allmählich mich verändere, mein Leben verändere und vor allen Dingen, meine Art und Weise, mit Menschen und Dingen umzugehen, dann verändern sich auch meine Phantasien. Den Strang, der täglich neu genährt wird, kann ich austrocknen lassen, kann anders leben.«

Eine Frau berichtet, daß sie durch ihre allgemeine Entwicklung und Veränderung auch zu anderen Phantasien gefunden hat, die sie als sehr lustvoll und schön erlebt und ungebrochen genießen kann. Trotzdem gibt es für sie immer noch Schwankungen und Einbrüche.

M.: »Aber es gibt auch Momente – also ich entwickle mich nicht immer nur geradlinig, es kann Rückschläge geben, daß ich auf einmal für Momente oder Tage wieder hinter meiner eigenen Linie bin. Kennt ihr das nicht? (*Lachen und Zustimmung in der Gruppe.*) Wenn ich mich ganz schlecht fühle, dann kommen Ängste wieder, nicht mehr ganz so schlimm wie früher, aber irgendwie ist auf einmal alles wieder so ein bißchen da, und dann kommen auch Rückfälle in den Phantasien – erst nach ein paar Tagen schüttle ich das ab. Meine Entwicklung ist nicht kontinuierlich, stündlich. Aber auf die Dauer verändert sich schon etwas, jedenfalls in Kleinigkeiten.«

N.: »Deine Phantasien müssen also früher anders gewesen sein als heute. Was meinst du, was das für Ursachen gehabt hat?«

M.: »Ich habe lange Zeit nur mit Männern gelebt, bin damit aber überhaupt nie klargekommen. Ohne Phantasien wäre überhaupt nichts gegangen. Andererseits hatte ich aber die Vorstellung, ich will Klasse sein im Bett. Damit das funktionierte, mußte ich mir eine Menge vorstellen. Dann habe ich angefangen, mich Frauen zuzuwenden. Zuerst eine Zeitlang Bisexualität gelebt, und da habe ich meine Aggressivität ausgelebt: Wie gesagt, ich kann Frauen lieben, ich *kann* aber auch, wenn ich will, mit ganz vielen Männern schlafen. Das habe ich auch gemacht und es als aggressiven Akt erlebt; bis ich das irgendwann nicht mehr konnte, nicht mehr wollte und nicht mehr brauchte.«

O.: »Du meinst, daß deine früheren Phantasien mit einer Unterdrückung deiner eigenen Aggressivität zu tun haben?«

M.: »Ja. Jetzt ist es auch so, daß ich nicht mehr den anderen verführen muß, mich zu verführen, sondern daß ich eben auch sein kann, wie ich will.«

P.: »Ich bin auch überzeugt, daß in den Phantasien Sachen verarbeitet werden, bei mir sind es Erlebnisse, die über sieben Jahre zurückliegen. Die Entwicklung geht aber auch dahin, daß ich mich von dieser Funktion der Phantasien immer weiter weg entwickle, so daß ich jetzt die Phantasien *schön* finde und als Bereicherung der Sexualität erlebe. Was also ganz klar mit meinem realen Leben zu tun hat.«

Q.: »So sehe ich das auch. Ich kann es bei mir ganz konkret einteilen: die ersten zehn Jahre Suche nach dem Märchenprinzen. Die unterlegene Rolle, auch in den Phantasien – bis hin zu Vergewaltigungsszenen, die ich mir heute gar nicht vorstellen könnte. Also zehn Jahre emotionale Abhängigkeit, Nicht-Eigenständigkeit, immer nur definiert über den Mann. Und dann fing ich langsam an, etwas anderes zu machen. Jetzt bin ich der aktivere Teil, habe ein ganz anderes Verhalten. Wie gesagt, eine Vergewaltigungsphantasie als lustvoll empfinden, könnte ich heute absolut nicht.«

Die Frage wird gestellt, ob sich der Druck für Frauen, die unter ihren Phantasien leiden, jetzt nicht noch verstärkt, wo so viele andere erzählen, daß sie die ›problematischen Phasen‹ mit ihren Phantasien überwunden haben.

Q.: »Ich meine nicht, daß meine Phantasien jetzt unbedingt toll sind. Ich bin aber übergegangen von einer passiv-demütigenden Rolle in eine aktivere. Was auch wieder Schwierigkeiten mit sich bringen kann.«

Anmerkungen
1 Margarete Mitscherlich, Die friedfertige Frau, a.a.O., S. 145.
2 Jessica Benjamin, Herrschaft und Knechtschaft, a.a.O., S. 90.

3
Zu einigen theoretischen Erklärungen masochistischer Phantasien

Die Eigeninterpretationen unserer Gesprächspartnerinnen – sowohl in den Interviews wie in der *Sommeruniversität der Frauen* – lassen verschiedene Tendenzen erkennen: Sehr viele Frauen verstehen ihre Phantasien als Strategien der Verarbeitung von äußerer Unterdrückung oder von Ängsten und Hemmungen. ›Verarbeitung‹ meint nicht unbedingt ›gelungene‹ Bewältigung, sondern alltägliche Versuche, mehr oder weniger bewußt, widerstreitenden Ansprüchen gerecht zu werden, seien es Rollenanforderungen oder das innere Schwanken zwischen Luststreben und verinnerlichten Moralschranken. Ebenso wichtig schien uns die Annahme, daß masochistische Phantasiebilder als Verkehrungen unterdrückter Aggressivität auftreten können. Es ist noch immer wenig selbstverständlich für Frauen, aggressive Erlebens- und Verhaltenskomponenten an sich zu akzeptieren.

Einige Frauen deuten ihre Sexualphantasien als Versuch, eigene Formen von Sinnlichkeit in einer oder gegen eine entsinnlichte Gesellschaft zu gewinnen. Sie schreiben den gewaltsamen Elementen ihrer Phantasien die Funktion zu, die innere ›Befriedung‹, die sich Ausdruck verschafft in sexueller Langeweile, Leere und Passivität, aufzuheben und mit Hilfe von phantasierten Szenen zurückzufinden zu Leidenschaft und Entgrenzung.

Daß sich solche Selbstinterpretationen nicht ausschließen müssen, daß überhaupt die Mehrdeutigkeit von Phantasien, sowohl was ihre Inhalte als auch was ihre Funktion betrifft, deren wesentliche Eigenschaft ist – das wollen wir nun, zum Abschluß dieses Buchs, in einer Übersicht über theoretische Erklärungsansätze zeigen. Wir konzentrieren uns auf solche, die aus dem Umkreis der analytischen Psychologie stammen. Die Psychoanalyse kann nach unserem Verständnis die dyna-

mische Wechselwirkung psychischer Prozesse mit gesellschaftlichen Strukturen am ehesten durchsichtig machen. Diese
Wechselwirkung ist das, was jede Frau an sich selbst erfahren
kann, die sich mit ihren Phantasien auseinandersetzen will und
dabei ›wie von selbst‹ nicht nur auf die Dynamik ihrer Lebens-
und Liebesbeziehungen stößt, sondern auch auf Spuren und
Erinnerungen ihrer frühen Mädchen- bzw. Tochtererfahrun-
gen. Die Psychoanalyse hebt die Bedeutung der frühkindlich
erworbenen Persönlichkeitsstrukturen hervor, nicht nur in
ihrer Deutung der Phantasietätigkeit und immer wiederkeh-
render Phantasiemuster. Dieser genetische Ansatz steht auch
für uns außer Frage. Ebenso wichtig erschien uns, der Absicht
dieses Buches entsprechend, der enge Zusammenhang zwischen Phantasiebildern und den Erfahrungen erwachsener
Frauen in dieser Gesellschaft.

Die Sexualrolle der Frau

> »Nirgends hat gerade die Sexualrolle: Gegenstand des Be-
> gehrens des Mannes zu sein und erst dadurch überhaupt
> etwas zu gelten, die gesamte Identität so nachhaltig beein-
> flußt wie bei der Frau.«[1]

Die Verinnerlichung gesellschaftlicher Forderungen an die
weibliche Sexualität, die in der Regel patriarchalischer Norm-
setzung entstammen, bewirkt eine Blockierung der erotischen
Erlebnisfähigkeiten der Frau, behindert die Entfaltung einer
reichen, ihren Sehnsüchten entsprechenden Sexualität und
stellt sich der Entwicklung eines positiven (sexuellen) Selbstbildes entgegen. Indem Frauen ihr Selbstwertgefühl abhängig
machen von dem Ausmaß an Bewunderung und Beachtung,
das ihnen von einer Männer-Welt entgegengebracht wird,
nehmen sie teil an der Beschädigung und Abwertung ihrer
eigenen Persönlichkeit. Sie arrangieren sich mit Zuständen, in
denen sie immer nur Objekt, nie Subjekt des Geschehens sein
können.

Wilhelm Reich spricht davon, daß die gesellschaftliche

Ordnung die psychischen Strukturen ihrer Mitglieder formt und sich in ihnen reproduziert. Da dies unter Zuhilfenahme der libidinösen und aggressiven menschlichen Triebe geschieht, kommt es zu einer affektiven Verankerung gesellschaftlicher Realität im Charakter des Individuums.[2]

Der Charakter des ›Weiblichen‹ aber wird in unserer Kultur und Gesellschaft immer wieder mit Aufopferungsbereitschaft und der Fähigkeit zu Verzicht und Entsagung in Zusammenhang gebracht. Die Niederhaltung von Autonomiebestrebungen und die Betonung eines Leitbildes der aggressionslosen Frau ziehen sich nahezu bruchlos durch unsere Geschichte. Frauen haben nicht gelernt, sich zu ihrem aggressiven Handlungspotential zu bekennen, sind sich dessen Vorhandenseins häufig nicht einmal bewußt. Dadurch sind sie kaum in der Lage, eigenmächtig und selbstbezogen zu entscheiden und zu handeln; die Entfaltung von Eigenwilligkeit im Sinne einer Kenntnis des eigenen Willens und der Fähigkeit, diesen auch durchzusetzen, bleibt aus. Dies gilt auch für ihre Sexualität. Sie hat passiv und rezeptiv zu sein, orientiert an den Bedürfnissen des (meist männlichen) Gegenübers. Da Widerstand oder Nichtanpassung an den herrschenden Sittenkodex die Frau mit Identitätsverlust bedrohen, ordnet sie sich unter, verinnerlicht die äußere Unterdrückung, ist schließlich tatsächlich, was die Gesellschaft ihr vorschreibt zu sein. Auf diesem Weg erklärt sich auch die Herausbildung eines weiblichen Masochismus. Ursprünglich nach außen gerichtete Aggressionen wenden sich, auf Grund des Drucks und der Einwirkung sozialer Bedingungen, gegen die eigene Person. Von masochistischen Tendenzen durchzogene Verhaltensmuster oder Phantasien erweisen sich als Umkehrung gewalttätiger Impulse, die gegen eine Realität gerichtet sind, welche der Frau die fortwährende Unterdrückung und Versagung ihrer Bedürfnisse vorschreibt. Wir wollen zunächst nicht die psychodynamischen Prozesse erläutern, die diesen Vorgang ermöglichen, sondern uns den Sozialisationsstrukturen zuwenden, die der Ausformung masochistischer Haltungen zugrunde liegen. Unsere Gespräche haben gezeigt, daß die über den gesellschaftlichen Wertehorizont hergestellte Verbindung von Frausein, Selbstlosigkeit und Leidensbereitschaft einen hervorragenden Nährboden für die Ausgestaltung von Phantasieprodukten abgibt, die zwischen den Polen Ohnmacht und Herrschaft, Opfer und Täter entfaltet werden.

Um die konservativ-klerikale Atmosphäre in anschauliche Erinnerung zu rufen, in der sich die Sexualität der meisten unserer Gesprächspartnerinnen entwickelte, geben wir einen kurzen Einblick in die moralisch-sittlichen Vorstellungen der 50er Jahre, die – vermittelt und weitergegeben durch ihre Mütter – das sexuelle Erleben der von uns befragten Frauen entscheidend mitgeprägt haben.

Die Lebensaufgabe der ›modernen Frau‹ jener Jahre bestand darin, Gefährtin ihres Gatten und Hüterin des Heimes zu sein. »Worauf es ankommt: ihrem Mann ein Heim zu schaffen, in dem er wirklich zu Hause ist, in das er nach des Tages Arbeit gern zurückkehrt. Dabei muß immer das im Vordergrund stehen, was ihm besonders am Herzen liegt.«[3]

In dieser ›heilen Welt‹ waren Geschlechtlichkeit und Erotik keine Themen. Der Anpassungsprozeß weiblicher Sexualität stand unter dem Zeichen der Unterordnung und Eingliederung in die Viereinheit von Sexualität, Liebe, Ehe und Mutterschaft. Keine Möglichkeit der Lusterfahrung, in der eines dieser Elemente fehlte, wurde sozial gebilligt.

Vorbereitet, ihr Leben nach derartigen Vorgaben zu gestalten, wurde frau durch verschiedene Eheberatungsbücher oder Werke zur Psychologie der Frau, vom Bertelsmann-Bestseller *Die gute Ehe* bis zu den zahlreichen Schriften einer Ursula von Mangoldt, die sogar einigen unserer Gesprächspartnerinnen noch gut bekannt waren.

Für von Mangoldt (und unzählige andere in dieser Tradition stehende Autorinnen und Autoren) liegt der ›Seinsgrund‹ der Frau in ihrer Mutterschaft; sie ist weiblicher Urzweck. Bei einer Hingabe an sexuelle Gefühle nur um der Lust willen, drohe das Abgründige und Zerstörerische der Triebe. Lust wird dämonisiert, die Frau gilt als Sinnbild verschlingender

Triebhaftigkeit: »Als lebendiges Gefäß des Geistes ist die Frau dem Bereich der Seele zugeordnet. Nachdem der Ruf an sie ergangen ist, ihren Schoß dem Geist zu öffnen, gehört sie nicht mehr in die Ordnung der reinen Natur. Das Fiat, das Maria dem Engel zur Antwort gab, ist das Fiat der Frau, die ihren Leib bereit macht zur Geburt des ewigen Lebens. Verweigert sie nun, da sie aufgerufen ist zu dieser Bereitschaft, den Dienst am Geist, dann verfällt sie nicht mehr unbewußt dem Triebhaft-Natürlichen, sondern entfesselt im Bereich der Seele eigenwillig die verschlingenden und zerstörenden Kräfte der Natur, sich und der Welt zum Verderben.«[4]

»Muttersein heißt sich zurücknehmen, um erfüllt zu werden von der größeren Kraft des schöpferischen Geistes. Je machtloser die Mutter ist in ihrer Ohnmacht, desto machtvoller ist sie vom Geist erfüllt.«[5]

Weibliche Sexualität ist berechtigt allein zum Zweck der Fortpflanzung, und es ist, nach solchen ›Lehrjahren‹, kaum noch vorstellbar, daß eine Frau Sexualität ohne Schuldgefühle und Angst erleben kann. Zudem, und hier wird die Bedeutung von Sozialisationsmustern für die Herausbildung masochistischer Haltungen ganz offensichtlich, beschreibt von Mangoldt weibliche Sexualität nur im Zusammenhang mit Opferhaltung und Schmerz; ohne das Element des Leidens existiert keine Liebe, ohne Liebe keine Bereitschaft zum Schmerz des Gebärens, ohne das Ziel der Mutterschaft aber darf Sexualität nicht stattfinden.

»Es ist die unfruchtbare Frau, die Wollust, höchste Steigerung des Augenblicks, aber keine Liebe – und das bedeutet kein Leben – zu schenken vermag. Ihr dient der Mann nur als Mittel, um Macht zu gewinnen. Sie selbst aber verweigert die Hingabe und bleibt unbeteiligt und kalt, weil sie Angst hat vor der Liebe, weil sie Angst hat zu leiden oder den Schmerz der Sehnsucht zu fühlen.«[6]

Die ›wahre‹ Frau ist – als Mutter und anspruchslos Liebende – immer Leidende. Diese Verschmelzung von Sexualität, Liebe und Opferbereitschaft hat sich tief in die weibliche Psyche eingegraben. Noch heute sehen viele Frauen von früh an

»aufgrund des Vorbildes der Mutter ihr Lebensziel darin, geliebt zu werden, einen Mann zu lieben, ihn zu bewundern, ihm zu dienen sowie sich ihm anzupassen und seine Kinder in mütterlicher Aufopferung großzuziehen. Heterosexuelle Liebe als ausschließlichen Lebenssinn legt unsere Gesellschaft auch heute noch der Frau nahe. Unvermeidliche Folge dieser von Kindheit an aufgezwungenen und verinnerlichten Ideale ist die Entwicklung eines ›weiblichen Masochismus‹. Das war auch Freud durchaus bewußt.«[7]

Dieser feminine Masochismus, Produkt des gesellschaftlichen Zwangs zu Selbstaufgabe und Unterordnung unter die Bedürfnisse anderer, fand in unseren Gesprächen immer wieder Ausdruck.

Auch das in den Sexualphantasien wiederkehrende Muster ›Herrscher = männlich / Untertan = weiblich‹ ist in Schriften wie denen Ursula von Mangoldts vorgeprägt, wenn auch losgelöst aus dem sexuellen Zusammenhang. Weibliches Dasein als Subjekt der persönlichen Geschichte erscheint als höchste Bedrohung der gottgewollten Ordnung:

»Im Laufe der Entwicklung zum freien persönlichen Menschen hat sich das Selbstbewußtsein der Frau so sehr gesteigert, daß sie die Herrschaft des Mannes nicht mehr als seinen Auftrag zur Verantwortlichkeit und die eigene Unterordnung nicht mehr als Dienst am Leben bejaht.

...Wenn sie nicht mehr nach Hilfe und Bestätigung des Mannes verlangt, weil sie an ihrer eigenen Kraft genug hat, wenn der Mann ihr gegenüber nicht mehr seine Überlegenheit erfahren kann, weil sie selbst im eigenwilligen Verfügen über ihr Dasein in eine männliche Art der Aktion getreten ist, dann erlahmt der gefühlsmäßige Einsatz des Mannes, von dem nicht mehr genug Zuwendung gefordert wird, der sich nicht mehr als Du angesprochen weiß. Da die Frau die eigene Ordnung verlassen hat, den eigenen, ihr vertrauten und sicheren Raum aufgegeben hat, hilft sie dem Mann nicht mehr, diesen inneren Raum der Seele zu suchen. Sie aber bemächtigt sich der geistigen Welt des Mannes und ist nicht mehr bereit zu warten, bis ihr diese Welt in der Begegnung mit dem Mann aufgeschlossen wird. So wird sie ihrer ureigensten Aufgabe untreu.«[8]

Relikte dieser Weiblichkeitsmuster sind in konservativen Kreisen noch immer verbreitet, finden sich aber auch in frauenbewegten Köpfen, wenn auch dort Geduld, Sanftmut oder die Fähigkeit zur Entsagung als bevorzugt weibliche Qualitäten präsent sind.

Die Psychoanalytikerinnen Anneliese Heigl-Evers und Brigitte Weidenhammer weisen darauf hin, daß sich die Verknüpfung von Leiden und Weiblichkeit in der westlichen Kulturlandschaft zunehmend Raum verschafft; in der Literatur finden solche Frauengestalten immer mehr Beachtung, die sich besonders durch schützende, pflegende und aufopferungsbereite Qualitäten auszeichnen.[9] Die Autorinnen beziehen sich vor allem auf Christa Wolfs *Kassandra* und auf das Theaterstück *Venn* von Cheryl Churchill. Die ›Heldinnen‹ beider Werke vergelten das ihnen von Männern zugefügte Leid nicht etwa durch Widerstand und Aufbegehren, sondern durch ein Höchstmaß an Opferbereitschaft und Märtyrertum. Dabei bleiben sie, zutiefst ›weiblich‹, in ihrer masochistischen Selbstbeschränkung gefangen. Kassandra, von Apoll dazu verurteilt, daß ihre Warnungen niemals Glauben finden sollen, schlägt es aus, mit dem Mann, den sie liebt, in ein mögliches Glück zu fliehen – stattdessen geht sie bewußt dem eigenen Tod entgegen. Von einem tiefen Wunsch nach Friedfertigkeit und Humanität beseelt, verharrt Kassandra in der Anklage der mörderischen Besessenheit und Blindheit der Männer, sie distanziert sich von der kämpferischen Aggressivität einer Penthesilea. Kassandra ermutigt nicht zu offensivem Verhalten, betrachtet aggressiven Einsatz für die eigenen Rechte mit resignierter Skepsis. Wo ihre Warnungen kein Gehör finden, wenden sich ihre affektiven Spannungen nach innen, gegen die eigene Person. – Wir fragen uns in der Tat, ob nicht der große Erfolg, den Christa Wolfs Erzählung gerade bei Leserinnen, in Diskussionsgruppen der Frauenbewegung gefunden hat, nicht *auch* mit Verwandtschaftsgefühlen, mit Empathie der Heldin gegenüber zu erklären ist. Eine Identifikation, die sich durchaus unbewußt vollzogen haben mag. Die Warnung von A. Heigl-Evers und B. Weidenhammer davor, daß nun die Frauen selbst für Bewahrung oder Wiederherstellung von Werten und moralischen Kategorien eintreten, die immer wieder auch in den Dienst der Niederhaltung ihrer eigenen Interessen und Rechte genommen wurden, scheint durchaus berechtigt.

Die Psychoanalytikerinnen führen die weibliche ›Vorliebe‹ für masochistisch geprägte Erlebens- und Verhaltensweisen unter anderem auf die Deformation der aggressiven Entwicklung beim Mädchen zurück. Immer dann, wenn eigene Regungen von Zorn, Wut, Abgrenzung und Selbstbehauptung als wirkungslos erfahren oder mit Liebesverlust bestraft werden, führt dies zunächst zu einer Steigerung der Aggressionen. In der Folge aber, auf Grund der davon ausgelösten Angst- und Schuldgefühle, kehren sich diese, an ein Gegenüber gerichteten, aggressiven Impulse gegen das Selbst – hier liegen die Wurzeln für die Ausgestaltung eines weiblichen Masochismus.

Das Verbot eigenständiger Äußerungsformen und die Versagung der Durchsetzung eigener Wünsche ist im Hinblick auf weibliche Sexualität die Regel.

Zum Abschluß dieses Streifzugs durch das Netz von Sozialisationsbedingungen, die zur Ausprägung masochistischer Einstellungen bei Frauen führen, noch ein Zitatenreigen aus einem 1969 erschienenen Buch, das sich im Bücherregal einer unserer Gesprächspartnerinnen fand: *Die sinnliche Frau*. Eine Auflage von 140 000 Exemplaren erreichte dieser ›Ratgeber‹, ein Trainingsprogramm zur möglichst reibungslosen Anpassung an Sexualwünsche, -phantasien und -praktiken der Männer: »Sie möchten ein ›Vollweib‹ werden, nicht wahr? Dann auf, an die Arbeit.«[10] Die Eingangsfrage ist rhetorisch, dann wird es ernst mit dem Übungsprogramm in Sachen Sinnlichkeit: »So wollen wir sie in einen Konzertflügel verwandeln. Sie mögen sich im Augenblick noch wie ein steifes, quiekendes Spinett vorkommen, aber nur Geduld. Die Übungen in diesem und dem nächsten Kapitel werden sie auf den Weg zu einem begehrenswerten neuen Steinway führen.«[11] »Sie müssen Ihren

Körper selbst lehren, wie er zum Leben erwacht. Der Grund dafür ist, daß Männer nicht die Geduld haben, Ihren Körper gründlich zu erforschen, während sie selbst sexuell erregt sind. Sie möchten agieren und vorankommen und nicht mühsam herumspielen.«[12]

Natürlich muß ein echtes Vollweib auch äußerlich bestechen. Daher finden wir im Kapitel »Instandhaltung, Verbesserung und Erwerbung« folgendes Marketing-Rezept: »Wir wissen beide, wenn Sie ein Produkt (Sie sich selbst) auf den Markt bringen, ist die Verpackung wichtig. Wenn Sie nicht das Auge des Käufers auf sich lenken, werden sie nie vom Regal heruntergenommen werden... Sie werden nie in die Einkaufstasche gelangen, geschweige denn in sein Haus.«[13] Dort aber liegt die eigentliche Bestimmung der Frau: »Heften Sie an Ihr Bett, Ihren Spiegel, Ihre Wand einen Leitsatz, Verehrteste, bis Sie ihn mit jeder Faser Ihres Wesens in sich aufgenommen haben: *Wir wurden dazu bestimmt, das männliche Wesen der Gattung zu erfreuen, zu erregen und zu befriedigen.* Wirkliche Frauen wissen das.«[14]

Vor dem Hintergrund solcher Sozialisationssysteme erscheint das bei Frauen häufige Auftreten masochistischer Phantasieinhalte nur als eine Folge ihrer realen gesellschaftlichen Machtlosigkeit. Macht aber – verstanden als »seiner selbst mächtig sein« – ist nach Carol Hagemann-White notwendiger Bestandteil der Lust; Sexualität wird nur dann als befriedigend erlebt, wenn frau ihre Lustmöglichkeiten kennt, frei über sie verfügen, sie vertreten und durchsetzen kann.[15] Andernfalls muß ihre Lust teilnehmen an der Macht eines anderen, und sei es als Opfer. So lassen sich die Phantasiebilder erklären als Versuch des Umgangs mit Unterdrückungsverhältnissen, innerhalb derer Frauen kein Raum gegeben wird, ihre sexuellen Bedürfnisse zu bestimmen und auszuleben.

Auch Margarete Mitscherlich erklärt das Phänomen masochistischer Phantasien damit, daß aus Unlust Lust wird, wenn passiv erlittene Unterdrückung auf initiative Weise in kontrollierbare Situationen verkehrt werden kann. Wesentlich ist, daß die phantasierte Inszenierung der immergleichen sado-maso-chistischen Muster eine Reduzierung von Angst bewirkt. Im Gegensatz zur Realität ist die Vorstellungswelt berechen- und steuerbar; bedrohlich ist nur der unbekannte Peiniger, der unberechenbare Schmerz, dem frau hilflos ausgeliefert ist.[16]

Zuletzt – und durchaus kontrovers zu diskutieren – sei hier eine Überlegung von Robin Morgan angeführt, die danach fragt, ob masochistische Phantasien bei Frauen nicht Ausdruck einer sexuellen Psychose sind, »erzeugt und erwünscht vom patriarchalischen System – eine Antwort auf Unterdrückung, verborgen unter einem Code von Verrücktheit.«[17] Morgan vergleicht den weiblichen Charakter mit der von Fanon be-schriebenen kolonisierten Persönlichkeit, wobei sie ›Koloni-sierter‹ mit ›Frau‹ übersetzt.

Frantz Fanon, schwarzer algerischer Psychiater und Revolu-tionär, beschäftigte sich mit den pathologischen Auswirkun-gen von Kolonialismus und Freiheitskämpfen auf alle an ihnen beteiligten Menschen. Nach seinen Erfahrungen organisieren sich die Abwehrmechanismen, die aus der gewaltsamen Kon-frontation des Kolonisierten mit dem Kolonialsystem entste-hen, zu einer Struktur, in der sich die kolonisierte Persönlich-keit offenbart. Sie stellt eine Form der Anpassung an einen Konflikt dar, bei der die Störung zugleich Symptom und Heilung ist. So beschreibt er als ein typisches Krankheitsbild eine den ganzen Körper erfassende Bewegungsstarre, die als Resultat des Dilemmas erscheint, gegen die Verhältnisse aufbe-gehren zu wollen, aber gleichzeitig dazu nicht in der Lage zu sein: Die ›Krankheit‹ entbindet das Individuum vom Einge-ständnis der eigenen Furcht und Angst und den daraus folgen-den Schuld- und Schamgefühlen. Darüberhinaus entspricht der Kolonisierte nun wirklich dem Bild, das der Kolonisierer von ihm entworfen hat: passiv, unbeweglich und zu keiner selb-ständigen Handlung fähig.

Morgan überträgt Fanons Beobachtungen und Erfahrungen auf die Situation der Frau in einer patriarchalischen Ordnung. Da sie nicht über genügend Kraft und Mut verfügt, sich männlicher Vorherrschaft und den damit verbundenen Vorschriften hinsichtlich ihres Fühlens, Denkens und Wünschens zu widersetzen, beginnt sie, sich mit der Lüge zu arrangieren: Sie wird tatsächlich, was ihr vorgegeben wird zu sein. Um sich aber nicht degradiert und erniedrigt zu fühlen, muß es ihr zudem gelingen, Vergnügen aus ihrer Situation zu schöpfen, sich von ihr stimulieren zu lassen; nur so kann sie einen Rest von Stolz bewahren. »Sie spürt ein Echo ihrer alten, fast vergessenen Freiheit, Kraft und Kreativität, indem sie instinktiv verstand, ihren Schmerz in Vergnügen zu verkehren.«[18]

Mit der Verwendung des Begriffs ›instinktiv‹ sind wir in diesem Zusammenhang nicht einverstanden; die Verkehrung von Unlust in Lust, die auch durchaus in herrschendem Interesse liegt, trägt die Züge gesellschaftlicher Manipulation an sich, fällt also keineswegs in den Bereich des – wie auch immer – ›Instinktiven‹.

Flucht aus einer unbefriedigenden Realität

Konsequent und massiv wurden auch Frauen unserer Generation dazu erzogen, ihre Sexualität zu verleugnen und zu verdrängen. Ein erster Versuch, diesem Entsinnlichungsprozeß zu entkommen, ist der Einsatz der Phantasie zur Imagination dessen, was möglich sein könnte. Nach Freud dient die Phantasie dazu, die Unabhängigkeit der Lustgewinnung von der Zustimmung der Realität wiederherzustellen. Phantasien müssen keine Rücksicht nehmen auf Vernunft und Anpassungszwänge.

In Freuds *Vorlesungen* heißt es dazu: »Wie Sie wissen, wird das Ich des Menschen durch die Einwirkungen der äußeren Not langsam zur Schätzung der Realität und zur Befolgung des Realitätsprinzips erzogen und muß dabei auf verschiedene Objekte und Ziele seines Luststrebens – nicht nur allein des sexuellen – vorübergehend oder dauernd verzichten. Aber Lustverzicht ist dem Menschen immer schwergefallen; er bringt ihn nicht ohne eine Art von Entschädigung zustande. Er hat sich daher eine seelische Tätigkeit vorbehalten, in welcher all diesen aufgegebenen Lustquellen und verlassenen Wegen der Lustgewinnung eine weitere Existenz zugestanden ist, eine Form der Existenz, in welcher sie von dem Realitätsanspruch und dem, was wir ›Realitätsprüfung‹ nennen, frei gelassen sind.«[19]

Die in unseren Gesprächen beschriebenen Phantasien von Frauen sind jedoch sämtlich gekoppelt an weibliche Demütigung und Erniedrigung. Da wir nicht an einen in der biologischen Natur der Frau begründeten Masochismus glauben und auch die psychoanalytisch orientierten Theorien diesen nicht belegen können, ist es notwendig, die gegenseitige Verflechtung von Imagination und individueller sowie gesellschaftlicher Wirklichkeit genauer zu untersuchen.

Bietet der wirkliche Lebensraum einem Menschen keine genügende Befriedigung, so kommt es zu einer Abwendung der Libido (der triebhaften Wünsche) von den Möglichkeiten realer Erfüllung, und imaginäre Personen oder Ziele und Phantasien gewinnen an Bedeutung.

Die Libido »wendet sich von der Realität ab, welche durch die hartnäckige Versagung an Wert für das Individuum verloren hat, wendet sich dem Phantasieleben zu, in welchem sie neue Wunschbildungen schafft und die Spuren früherer vergessener Wunschbildungen wiederbelebt.«[20]

Dem positiven Moment der Phantasie: ihrer Unabhängigkeit von den Forderungen der Realität, gesellen sich jedoch sofort die Gefahren hinzu, vor allem, wenn die Phantasien einen großen Teil der Libidoenergien binden. Der/die Phantasierende flüchtet phantasierend vor den eigenen Ängsten und Schwierigkeiten und vor den vermeintlichen Gefahren der Wirklichkeit. Damit geht er/sie einer wirklichen Bewältigung und Überwindung der äußeren Beschränkungen oder inneren Hemmungen und Hindernisse aus dem Weg. Gleichzeitig vergrößert die Schaffung einer eigenen Phantasiewelt, sobald diese den Charakter einer ›Fluchtburg‹ annimmt, die Distanz zu realen Befriedigungs- und Entwicklungsmöglichkeiten und verführt zur weiteren Verdrängung der ursprünglich auf die Realität gerichteten libidinösen Impulse. Der Rückgang der Libido auf die Phantasie stellt nach Freud eine Zwischenstufe auf dem Weg zur Symptombildung dar: »Wir wissen, das Symptom ist ein Ersatz für etwas, was durch die Verdrängung verhindert wurde.«[21]

Das Verblüffende und Verwirrende der Symptome ist, daß sie sowohl der Befriedigung sexueller Wünsche als auch zu deren Abwehr dienen können. Symptome sind doppeldeutig: Einerseits bilden sie eine unbewußt gebliebene Wunscherfüllung ab, andererseits die Reaktionsbildung dagegen, z. B. in Form einer Selbstbestrafung. So können widerstreitende innere Ansprüche einen gemeinsamen Ausdruck finden. Insofern prägen sich im Symptom auch neue Formen der Befriedigung heraus, in die gegenläufige, verhindernde Tendenzen mitaufgenommen werden, und ersetzen auf diese Weise die real entbehrte Erfüllung sexueller Wünsche. Sie sind »Kompromißergebnisse, aus der Interferenz zweier gegensätzlicher Strömungen hervorgegangen, und vertreten ebensowohl das Verdrängte wie das Verdrängende, das bei ihrer Entstehung mitgewirkt hat. Die Vertretung kann dann mehr zugunsten der einen oder der anderen Seite geraten.«[22]

Wenn wir die masochistischen Phantasien als solche Kompromißergebnisse sehen, dann kommen in ihnen zum einen sehr deutlich die sexuellen Wünsche zum Ausdruck, zum anderen bergen sie ›das Verdrängende‹, d. h. diejenigen Kräfte, die sich einer freien Entfaltung dieser Bedürfnisse entgegenstellen.

Schuldgefühle und Abwehr

Die Phantasie offenbart sich als Möglichkeit, einer unbefriedigenden, angstvollen oder einschränkenden Realität zu entrinnen. Doch warum sind es häufig Bilder der Demütigung, zu denen Frauen ihre Libido lenken, und nicht zu Vorstellungen erotischer Verführungen, wie sie sie wirklich ersehnen?

In den Gesprächen wurde erkennbar, daß sich in den Phantasien neben weiblichem Unbehagen und Hemmungen auch Wünsche nach Hingabe und Kontrollverlust Ausdruck verschaffen. Um die psychodynamischen Prozesse zu erhellen, die den vielfachen Funktionen masochistischer Phantasien zugrunde liegen, ist es notwendig, das Freudsche System des psychischen Apparates wenigstens kurz zu umreißen.

Das analytische Strukturmodell geht aus von drei Instanzen der Psyche, dem Es, dem Ich und dem Über-Ich. Die beiden letztgenannten Instanzen bilden sich erst im Laufe der kindlichen Entwicklung heraus, das heißt, zu Anfang wird das Kind nur von Bedürfnissen des Es geleitet.

Dieses gilt als Szenarium der Triebe, die nach Befriedigung drängen, unabhängig von allen von der Außenwelt gesetzten Beschränkungen. Es ist der Ort des Unbewußten, von dem aus unsere Träume, Wünsche und auch Phantasien ihre Energien schöpfen. »In diesem Sinne wird das Es als ›das große Reservoir der Libido‹ verstanden.«[23] Die Triebe unterliegen keinen Veränderungen durch den Zeitablauf, das heißt durch individuelle Entwicklung oder Erfahrung.

Das Ich bildet sich aus dem Es heraus, im Kontakt mit der Außenwelt. Dem Ich obliegt vor allem die Aufgabe zu entscheiden, welchen Triebansprüchen nachgegeben werden soll. Das Ich muß also stark genug werden, die Befriedigung von Wünschen oder Erregungen aus dem Es zu verschieben oder ganz zu unterdrücken, wenn diese sich nicht mit der Außenwelt vereinbaren lassen. In diesem Sinne korrigiert es das Bestreben der Triebe, Abfuhr und Befriedigung auf kürzestem Weg zu erreichen, schränkt das Lustprinzip des Es ein durch die Ansprüche des Realitätsprinzips.

Als letzte psychische Instanz entwickelt sich das Über-Ich. Es läßt sich beschreiben als Ort des Niederschlags kindlicher Identifikationen mit seinen Eltern; deren Forderungen (und damit gesellschaftliche Normen) werden verinnerlicht, erhalten einen Repräsentanten in der psychischen Struktur des Kindes selbst. Das Über-Ich unterstützt das Ich in seinem Bestreben, bedrohliche Ansprüche des Es abzuwehren, indem es – als ›Gewissen‹ – gesellschaftliche Normen vertritt, auch gegen das Ich. Dieses, als »Diener zweier Herren« (Freud), hat die Aufgabe, zwischen den oft widerstreitenden Interessen dieser beiden Instanzen zu vermitteln. Das gilt auch für den

Prozeß der Phantasiebildung. Während das Phantasiegeschehen dem Unbewußten entstammt und aus dem Es seine Triebkraft bezieht, greift gleichzeitig die Zensur des Über-Ich als korrigierende und verbietende Instanz ein.

Ihre Macht liegt darin, Schuldgefühle produzieren zu können, auf die das Ich mit Angst reagiert. Diese wird genährt aus der einstigen Angst vor Bestrafung durch die Eltern, vor ihrem Liebesentzug, der gleichbedeutend erlebt wird mit dem Verlust nahezu aller Befriedigungsmöglichkeiten. Später wird diese Angst ersetzt, ergänzt oder überdeckt durch die Furcht vor Abweisung durch andere oder vor gesellschaftlicher Ächtung.

Die Unterdrückung von Luststrebungen aus dem Es hat allerdings vielfältige Hintergründe und läßt sich nicht nur auf Einflüsse eines strengen Gewissens zurückführen. Auch Abwehrhaltungen, die im Ich beherbergt sind, stellen sich dem Es entgegen und verhindern das Aufkommen von Lust- und Erregungsgefühlen. Die Entstehung solcher Abwehrmechanismen läßt sich an der Identifizierung mit der Mutter verfolgen, wie sie von Carmen, Julia und Miriam beschrieben wurde.

Identifizierung nennt die Psychoanalyse den (unbewußten) Vorgang, in dem eine Person Eigenschaften oder Aspekte einer anderen übernimmt, sich teilweise oder vollständig nach deren Vorbild umwandelt. Bei der Herausbildung der eigenen psychischen Struktur im Laufe kindlicher Entwicklung spielt diese Übernahme elterlicher Haltungen eine entscheidende Rolle. »Die Identifizierung ist also nicht simple Imitation; … sie drückt ein ›gleichwie‹ aus und bezieht sich auf ein im Unbewußten verbleibendes Gemeinsames.«[24]

In ihren kindlichen Erfahrungen erlebten viele Mädchen an ihrer Mutter die Verweigerung und Verleugnung sexueller Ansprüche. Sie spürten die negative Einstellung der Mütter zur eigenen Sexualität, wie auch sexuellen Äußerungen der Töchter gegenüber; wir erinnern an die mißbilligenden Blicke bei den Doktorspielen, an die bedrohlichen Hinweise bei Julias zärtlichen Selbstberührungen oder an die Verkrampfung und demonstrative Abneigung, die Miriams Mutter bei filmischen Liebesszenen zeigte. Solche mütterlichen Haltungen, die von ihnen vorgelebten sexuellen Ängste und ihre Abwehr eigener Sinnlichkeit, werden im Prozeß der Identifizierung übernommen, erschweren den Töchtern einen unbelasteten Umgang mit dem eigenen Körper und den eigenen Lustgefühlen oder machen ihn ganz unmöglich. Wobei dies Zusammenwirken von Müttern und Töchtern im Sozialisationsprozeß von beiden kaum je bewußt wahrgenommen oder gesteuert wird.

Da die Luststrebungen aus dem Es sich nicht dauerhaft unterdrücken lassen, vielmehr immer wieder hervorbrechen und auf Einlösung drängen, ist der innere psychische Konflikt unausweichlich. Auf seine Bedeutung und mögliche Konsequenzen kommen wir noch zurück.

Warum die Identifizierung mit der Mutter unterschiedlich stark ausfällt und warum es einigen Frauen leichter fällt, sich wieder davon zu lösen als anderen, hängt mit vielen weiteren Faktoren der kindlichen Lebenssituation und Gefühlswelt zusammen, denen wir hier nicht weiter nachgehen wollen, da Zusammenhänge in einzelnen Biographien nur zu erahnen sind.

Auch moralische Werte können auf den eher unauffälligen Wegen der Identifizierungsprozesse weitergegeben werden. Ihre Tradierung vollzieht sich aber auch über die elterlichen Erziehungsmaßnahmen (Verbote, Bestrafungen, Vorhaltungen oder ähnliches), die später durch schulische und gesellschaftliche Einflüsse ergänzt werden. Die Verankerung des Sexualtabus im kindlichen Über-Ich und die frühe Verknüpfung von Lusterleben mit tiefen Schuldgefühlen haben unsere Interviews deutlich genug widergespiegelt.

Damit zeichnet sich ab, welche Rolle Gewaltphantasien bei der verhängnisvollen Koppelung von Lust- und Schuldgefühlen haben können. Auf der *Sommeruni* kam dieser Zusammenhang zur Sprache: »Wenn ich Schwierigkeiten habe, mich hinzugeben, und ich stelle mir vor, ich werde vergewaltigt, dann bin ich doch frei von allem. Erstmal frei von der Entscheidung: Will ich das? Frei von Schuld, falls ich Schuldgefühle beim Sex habe... Wir wissen ja manchmal gar nicht so genau, inwieweit wir zu der Lust stehen. – Als ob die Zwangssituation die einzige Möglichkeit ist, diese Lust in uns überhaupt zu akzeptieren.«

Zwar können die eigenen Widerstände solcher Art nicht einfach ›niedergerissen‹ werden, wie es eine andere Teilnehmerin formulierte, aber die Phantasien sind ein Weg, sie zu umgehen. Durch ihre Inhalte – die vorgestellte Vergewaltigung, das ›Genommen-Werden‹, das abhängige Ausgeliefertsein, den Sklaven-Status – wird das Über-Ich besänftigt, damit die an sich verbotenen Lustgefühle zugelassen werden können. Die Phantasien stellen die Sexualität als erzwungen, erpreßt, als von Autoritäten eingefordert dar. Die phantasierte Unfreiwilligkeit macht es dem Ich leichter, die Appelle des Gewissens zu übergehen. Der Zwang in den Phantasien wird der Macht des Gewissens entgegengestellt.

Damit wird auch erklärbar, warum die Phantasien an Gewaltsamkeit zunehmen, je größer die Schuldgefühle wegen der eigenen ›Triebhaftigkeit‹ sind (wie die Gespräche über Michelles und Carmens kindliche Schuldgefühle demonstrieren).

Um diese Vorgänge in psychoanalytischen Termini zu fassen, kommen wir auf die Bedeutung des bereits erwähnten Grundkonfliktes zwischen Es, Ich und Über-Ich zurück.

Der Konflikt kann manifest sein, sich zum Beispiel direkt in Gefühlen der Verzweiflung oder in körperlicher Verkrampfung zeigen. Häufig tritt er allerdings nicht so offensichtlich in Erscheinung, sondern bleibt unterschwellig und der Wahrnehmung völlig verborgen. In diesem Fall kann er in entstellter Form hervortreten: in Symptombildungen, Verhaltensstörungen o. ä. Der Zusammenhang zwischen diesen Erscheinungen und den eigentlichen Ursprüngen ist dann nicht mehr ohne weiteres ersichtlich.

In unserem Zusammenhang ließen sich die Phantasien als eine entstellte Form des Konfliktes zwischen dem Wunsch nach Lusterleben und übernommenen Abwehrhaltungen sowie verinnerlichten Verboten verstehen. Der Konflikt muß nicht nur oder nicht immer in einem Gegensatz zwischen Ich und Über-Ich begründet sein. Das Ich hat auf Grund lebensgeschichtlicher Erfahrungen wie Entbehrungen und tiefen Enttäuschungen zahlreiche Abwehrmechanismen entwickelt, um die psychische Stabilität aufrechtzuerhalten und sich gegen vermeintliche Triebgefahren zu schützen. Da die Strebungen des Es (der Wunsch nach tiefem Lusterleben und Grenzenlosigkeit) gegen diese Schutzvorrichtungen andrängen, können sich auch Ich und Es als gegensätzliche Polaritäten gegenüberstehen. Diese Konstellation wollen wir später noch einmal aufgreifen.

Je größer die Lust, je stärker das Es zur Aufgabe aller Kontrollfunktionen drängt, um so massiver wird der Konflikt. Das kann auch erklären, warum viele Frauen schilderten, daß sie die zärtliche Lust zu Anfang des sexuellen Zusammenseins ungebrochen genießen können, während sich vor die Steigerung und den sexuellen Höhepunkt Ängste drängen, die sie nur mit Hilfe der Phantasien beseite schieben können.

Einen weiteren Hintergrund masochistischer Phantasien sprach Michelle an; sie vermutete in den Gewaltbildern ihrer kindlichen Onaniephantasien eine Bestrafungstendenz für das ihr verbotene sexuelle Lustgefühl.

Phantasierte Selbstbestrafung kann unter anderem in der Spannung zwischen einem besonders fordernden Über-Ich und dem Ich ihren Grund haben. Wie wir beschrieben haben, ist das Ich bestrebt, zwischen den Ansprüchen des Es und des Über-Ich zu vermitteln. Ist das Über-Ich besonders streng, zum Beispiel auf Grund einer sehr machtvollen Verinnerlichung früherer Verbote, so muß das Ich ihm eine Art Tribut für die Erfüllung der Wünsche aus dem Es entrichten. Dies kann nach Freud in Strafträumen geschehen. Eine andere Ausdrucksform sehen wir in den von Michelle beschriebenen Gewaltphantasien oder den kindlichen, erotisch erlebten Bestrafungsspielen. In beiden Erlebnisformen finden die Triebwünsche aus dem Es Befriedigung: Michelle genießt voller Leidenschaft ihre Selbstbefriedigung, und in den Kinderspielen wird mit erregender Spannung der Körper entblößt und den Blicken der anderen preisgegeben. Das dem Gewissen entrichtete Opfer besteht bei Michelle in der gleichzeitig phantasierten Demütigung, dem Erdulden schrecklicher Peinigungen, bei den Spielen in der

Nachahmung elterlicher Züchtigung. »Alle Erfüllung libidinöser Wünsche muß mit Leiden erkauft werden... Der tiefere
Sinn auch davon liegt ja eigentlich nicht in der Strafe, sondern
in der Sühne und Vergebung. ...Die Strafe ist nicht Selbstzweck, sondern Mittel zur Verzeihung.«[25]

Freud spricht in diesem Zusammenhang von einem gesteigerten Sadismus des Über-Ich, dem das Ich sich unterwirft. Er
unterscheidet dies vom moralischen Masochismus, bei dem
das *Ich* des Betreffenden nach Strafe verlangt. Diese Differenzierung ist bedeutsam, da ein nach Strafe verlangendes Ich die
Umsetzung dieses Begehrens in der Realität erstrebt, d. h. den/
diejenige(n) tatsächlich veranlaßt, für ihn/sie demütigende
Situationen aufzusuchen oder zu schaffen, und daraus Genuß
zu ziehen.

Die Abgrenzung zwischen sadistischem Über-Ich und masochistischem Ich spielt somit für die psychische Struktur einer
Person eine wichtige Rolle und ist auch für unsere Fragestellung von großer Bedeutung, da von dieser Unterscheidung die
Interpretation der Phantasien entscheidend abhängt. Einige
Frauen fürchteten, ihre Erniedrigungsphantasien wären Anzeichen ihres masochistischen Charakters. Unsere Ausführungen
zeigen, daß diese Gleichsetzung voreilig und nicht zwingend
gegeben ist. Was wiederum Voraussetzung für eine genauere
Selbstkenntnis und eine Entlastung des eigenen Selbstbildes
sein kann.

Neben Schuldgefühlen und den verinnerlichten (mütterlichen)
Abwehrhaltungen können auch Schamkonflikte bei der Entstehung masochistischer Phantasien eine zentrale Rolle spielen.

Es handelt sich hierbei nicht wie bei der Bedeutung der
Schuldgefühle um Konflikte zwischen Ich und Über-Ich, sondern um solche zwischen Ich und Es, da bestimmte libidinöse
Wünsche vom Ich nicht zugelassen werden können. »Scham
wird die spezifische Reaktionsbildung gegen Schaulust genannt, also eine Art vorbeugender Haltung gegen die Angst,
die die verdrängten Wünsche, zu sehen und gesehen zu werden,

hervorrufen.«[26] Eine Reaktionsbildung ist das Resultat eines Abwehrvorganges, bei dem auf *bewußter* Ebene eine dem verdrängten Wunsch entgegengesetzte Verhaltensweise oder Äußerung erscheint.

In den Zusammenhang der Schamkonflikte ließen sich z. B. die kindlichen Phantasien und nächtlichen Spielrituale Franziskas einordnen (sie postierte sich nackt vor die Wand und stellte sich vor, Menschenmassen würden an ihr vorbeiziehen). Die Vorstellung, sich nackt zu zeigen und nackt gesehen zu werden, ist bei allen Kindern libidinös besetzt. Je weniger Befriedigung diese Zeigelust findet, um so intensiver können die Impulse werden. Allerdings ist Nacktheit in vielen Familien tabuisiert und ausgegrenzt. Als Reaktion darauf entfaltet sich im Kind ein ausgeprägtes Schamgefühl. Die kindlichen Vorstellungen und Spielrituale können als Kompromißbildungen aufgefaßt werden, in denen sowohl die verbotenen exhibitionistischen Wünsche, als auch die Abwehrforderungen befriedigt werden. Letztere, indem die nicht geduldeten Wünsche in Phantasien oder heimliche Spiele verbannt werden. Wiederum ist die Befriedigung der Zeigelust oft nur unter vorgestelltem äußerem Druck möglich, was auf einen ähnlichen Mechanismus wie bei den Schuldgefühlen hinweist: Das Ich kann sich nur in einem (erdachten) Zustand der Unfreiwilligkeit den Triebwünschen des Es beugen. Zudem ist eine Verknüpfung von Scham- und Schuldgefühlen anzunehmen. Eine weitere Interpretation des »Am-Pranger-Stehens‹ in Franziskas Phantasie als gleichzeitige Buße für die phantasierte oder im Spiel gefundene Triebbefriedigung erübrigt sich. Leon Wurmser betont, daß die Scham viel durchdringender, erschütternder und massiver erlebt wird als die Schuld. Seine These wird einleuchtend und anschaulich, wenn wir an Carmen denken, die sich als Jugendliche schämte, wenn ein Junge sie küssen wollte, und als Erwachsene, wenn sie mit einem Mann in einer ›unüblichen‹ Position schlief. Neben Schuldgefühlen, weil sie gegen Keuschheitsgebote verstoßen hatte, verspürte sie stets auch Scham, weil das Ich den eigenen Lustgefühlen nachgegeben hatte. »Der Beschämte hat sich ... der Schwäche und Passivität zu bezichtigen.«[27] »Das Ich wird bestraft für seine Schwäche – gegenüber der Außenwelt oder, was viel wichtiger ist, gegenüber den eigenen Trieben und besonders den Gefühlen. ...Innigkeit, Liebe, Verletzlichkeit, Offenheit, einfach tiefe Gefühle jedwelcher Art.«[28]

Genau diese Gefühle wurden von Julias und Carmens Eltern aus dem familiären Leben verbannt. Die mangelnde Selbstachtung, die sich hinter Schamkonflikten bei beiden äußerte, ließe sich demnach als unbewußte Buße interpretieren, weil ihr Ich zu schwach war, um die Sehnsucht nach diesen Gefühlen zu unterdrücken.

Angstabwehr

»Irgendwie steckt die Angst hinter allen Symptomen, aber bald nimmt sie lärmend das Bewußtsein ganz für sich in Anspruch, bald verbirgt sie sich so vollkommen, daß wir genötigt sind, von unbewußter Angst... zu reden.«[29]

Wilhelm Reich nennt die Angst den ersten Gegenspieler der Libido. Er betont, daß die Funktion der Angst gerade in ›Blütezeiten der Sexualität‹ deutlich wird, wenn es nicht zu einer genügenden Befriedigung kommt.

Was ist nun die Funktion der Angst, wie ist sie mit der Sexualität und den sexuellen Phantasien verknüpft? In seinen Auseinandersetzungen über den »Urkonflikt zwischen Bedürfnis und Außenwelt« leitet Reich das häufig auftretende Phänomen einer Ambivalenz der Gefühle, d.h. einer Gegensätzlichkeit der Gefühlsstrebungen ab.[30] Diese erwächst zunächst aus dem Gegensatz Ich – Außenwelt (die Außenwelt ermöglicht und bedroht gleichzeitig die Bedürfnisbefriedigung) und erscheint innerhalb der Person als ein Widerspruch zwischen Libido, (als einer Strebung in Richtung zur Außenwelt) und Angst, dem ersten und ursprünglichen Ausdruck einer narzißtischen Flucht vor der Unlust, die die Außenwelt bedeuten kann:

»Würde die Außenwelt nur Lust und Befriedigung bringen,

so gäbe es kein Angstphänomen. Da von ihr aber unlustvolle und gefahrbringende Reize ausgehen, so muß die Strebung der Objektlibido (auf ein bestimmtes Objekt, d. h. im allgemeinen eine bestimmte Person, gerichtete sexuelle Wünsche – Anm. d. Verf.) einen Gegenspieler, die narzißtische Fluchttendenz, bekommen. Der primitivste Ausdruck dieser Flucht ist die Angst.«[31]

Dieser Gegensatz zwischen Sexualerregung und Angst findet dann seinen Niederschlag in dem inneren Widerspruch: Ich begehre – ich fürchte.

Das läßt sich auf die Sexualängste übertragen, die in den Gesprächen geäußert wurden. Den Sehnsüchten nach erfüllender Sexualität und ungehemmter Hingabe standen zahlreiche Ängste der Frauen entgegen, z. B. sexuelle Bedürfnisse unverdeckt zu zeigen, aktiv zu sein oder sich fallenzulassen. Hinzu kommen die Befürchtungen, den Partner möglicherweise zu enttäuschen, seinen Vorstellungen nicht zu entsprechen.

Angst ist, wie Wilhelm Reich schreibt, der einzig mögliche Ausdruck einer inneren Spannung. Für die Angstentstehung spielt es keine Rolle, ob der Befriedigung äußere Hindernisse entgegenstehen oder innere Hemmungen. In beiden Fällen findet letztendlich eine »Flucht der Energiebesetzungen ins Innere« statt; diese Stauung wird affektiv als Angst erlebt.

Die »passiven Vergewaltigungsphantasien der Frau« dienen nach Wilhelm Reich lediglich »ihrer Entlastung vom Schuldgefühl«. »Der Geschlechtsakt will schuldlos erlebt werden, was nur unter der Bedingung möglich ist, daß eine Vergewaltigung stattfindet.«[32] Diesen Aspekt haben wir im vorigen Kapitel erläutert, allerdings greift diese Erklärung *alleine* unserer Meinung nach zu kurz und kann die Ursprünge der Phantasien nicht erschöpfend erklären.

Reich führt im weiteren aus, daß einigen Menschen das Erleben von Lust nur bei gleichzeitigen Angstgefühlen möglich ist: »Die Angst wird dabei nicht als solche zur Lust, sondern bildet bloß den Anlaß zur Entfaltung einer besonderen Art von Lust.«[33] Das steht nicht im Widerspruch zum oben Gesagten, da er betont, daß Schmerz und Angst unter bestimmten

Bedingungen zur einzigen Möglichkeit werden, die sonst gefürchtete Entspannung zu erleben. Die Hintergründe sieht Reich in Hemmungen, die in der frühen Kindheit erworben werden und sich später auf die genitale Funktion übertragen.

Dieser Zusammenhang scheint uns wichtig, da er zum einen an die erotischen Kinderspiele, in denen sich häufig Angst und Lust verband, und die dabei von uns aufgeworfenen Fragen anknüpft, zum anderen an die fast immer vorhandenen Angstmomente in den Phantasien (bedrängt zu werden; unter Druck zu stehen; verfolgt oder beobachtet zu werden; die Angst, entdeckt zu werden). Bei einigen Frauen war ja auch das Gefahrenmoment, das Verbotene, der »Exzess von Heimlichkeit« eine erregungssteigernde Bedingung.

Freud vermutet, daß die Bedingung des Verbotenen im weiblichen Liebesleben zu einer unerläßlichen Voraussetzung für die Frau werden kann, überhaupt Lustgefühle zuzulassen, da sich für sie durch die lange Abhaltung von der Sexualität und das Verweilen der Sinnlichkeit in der Phantasie oft die Verknüpfung zwischen Sexualität und Verbot als nicht mehr auflösbar erweist.[34] Die Frage, ob das Sexualverbot dann tatsächlich während der Pubertät eingehalten wird, ist unserer Meinung nach nebensächlich, da die Vermittlung und innerpsychische Verankerung für die Angstentwicklung und Sexualhemmung ausschlaggebend sind. Diese bleiben trotz eventueller Verbotsübertretung meistens erhalten. Die Mädchenerziehung trägt auch heute noch sexualitätsverneinende Züge, so müssen Mädchen eher als Jungen mit Mißbilligung oder Verboten rechnen, wenn sie sexuelle Kontakte aufnehmen.

Fast alle Frauen in unseren Gesprächen, die ihre Sexualität zumindest teilweise unbefriedigend erlebten, erwähnten eine ›Angst vor der gesteigerten Lust‹ bei gleichzeitig innigem Wunsch danach. Eine Frau betonte während der *Sommeruni* die Rolle masochistischer Sexualphantasien bei der ›Lösung‹ dieses Widerspruches:

»Die Phantasien hatten für mich die Funktion, so eine Angst oder Scham vor so etwas Unkontrollierbarem wie Orgasmus zu verlieren. Und damit haben sie mir genützt. Jetzt bin ich ein

Stück unabhängiger davon, aber früher hatten sie auch die Funktion, mich zu steigern. Mich in jemand anderen fallenzulassen, das hat mir Angst gemacht: Angst, daß der dann Macht über mich hat.«

Die Angst vor der Entfesselung und dem Kontrollverlust über die eigenen Gefühle im Orgasmus verband sich mit der Furcht, sich dadurch einem anderen auszuliefern – ohne jede Gewähr und Sicherheit. Die Macht des anderen kann noch über den gegenwärtigen Moment hinausreichen: denn im Orgasmus werden Grenzen aufgegeben, sowohl die Ich-Grenzen innerhalb der Person, als auch die Abgrenzungen und Schutzwälle gegenüber dem Partner. Dadurch kann sich die Bindung an ihn erhöhen und mit ihr die Angst, ihn wieder zu verlieren.

Durch die Einsetzung einer unnahbaren, autoritären Machtfigur als imaginärem Partner wird die Gefahr der befürchteten Selbstauflösung im Moment der Verschmelzung gebannt. Denn das Gegenüber in der Phantasie behält seine gefühllose, distanzierte Haltung durchgängig, es kommt zu keiner gefühlsmäßigen Annäherung im Moment des sexuellen Kontaktes. Gleichzeitig erweist sich die Phantasie damit als illusionärer Weg zu den ersehnten Gefühlen, denn sie blockiert die erhoffte tiefe Hingabe in der Realität. Auch Reich macht diese Angst vor der Auflösung für die Behinderung des genitalen Lusterlebens verantwortlich: »Es wurde klar, daß es die Angst vor dem auflösenden oder ›schmelzenden‹ Gefühl der orgastisch werdenden Lustempfindung ist, die zum Festhalten an der flachkurvigen sexuellen Erregung zwingt.« Diese versagte Befriedigung wird nun selbst wieder zur Quelle von Ängsten und Spannungen: »Die Hemmung der Genitalität ist nicht nur Folge von Angst, sondern bedeutet auch selbst einen angsterzeugenden Vorgang, was die Diskrepanz zwischen Spannung und faktischer Lösung nur vergrößert.«[35]

Hemmungen und Ängste sind somit Resultat und wiederum auch Vorläufer einer sexuellen Frustration.

Um zu erfassen, welche Rolle die Angst im Liebesleben spielt, sind Freuds Angsttheorien relevant. In einer frühen Konzeption postulierte er eine direkte Umwandlung unbefriedigter Libidoenergien in Angst. Danach wird der Affekt der nicht zugelassenen Wunschvorstellung über den Weg der Verdrängung in Angst verwandelt. Diese wird zum Träger der ursprünglichen sexuellen Energien. Später betonte Freud, daß immer die Angsteinstellung des Ichs das Primäre und der Antrieb zur Verdrängung sexueller Wünsche sei.

Für unsere Fragestellung ist dieser Widerspruch leicht auflösbar, denn selbst wenn die Angstentwicklung in erster Linie als Folge einer unbefriedigten Libido, also eines Zustandes sexueller Frustration, gesehen wird, so ist zu erwarten, daß sie sich in Form einer allgemeinen Ängstlichkeit manifestieren wird, die wiederum die Möglichkeit sexuell befriedigender Erlebnisformen behindert.

Auch unsere Gespräche demonstrieren, daß zwischen einer ängstlichen Einstellung zur Sexualität und dem Mangel an tiefer sexueller Befriedigung vielfache Wechselwirkungen bestehen. Bei einer unerfüllten Sexualität scheint die Sehnsucht nach Hingabe und Grenzenlosigkeit fast untrennbar mit der Angst davor und der generellen Ängstlichkeit im sexuellen Geschehen verknüpft.

Freud faßte seine Erkenntnisse knapp zusammen in dem Resümee, daß für den Durchschnitt der Menschen die Angst mit der sexuellen Beschränkung zusammengehörig sei. Für Freud und Reich sind die realen Schwierigkeiten und Probleme der aktuellen Sexualität nur *eine* Quelle der ängstlichen Haltung ihr gegenüber. Sie betonen, daß andere Spuren in die Kindheit führen und messen ihnen wesentlich größere Bedeutung bei.

Die Übergänge zwischen Realangst und neurotischer Angst – einer unangebrachten oder übersteigerten Angst – sind fließend, beide können sich vermischen und zusammenwirken. An die bekannte reale Gefahr wird dann eine unerkannte, unbewußte Triebgefahr geknüpft. Normalerweise ist Angst eine Reaktion des Ichs auf eine reale Gefahr, bei der neurotischen Angst macht das Ich einen solchen Fluchtversuch vor dem Anspruch seiner Libido; diese innere Gefahr wird behandelt wie eine äußere: »Das, wovor man sich fürchtet, ist offenbar die eigene Libido.«[36]

Der Kern der *erlebten* Gefahrensituation ist die psychische Hilflosigkeit. Auf der Suche nach der Entstehung von Angst, die zu Hemmungen im sexuellen Erleben führen kann, kommt Freud zu dem Ergebnis, daß die Angst vor dem Liebesverlust entscheidend sei. Diese nährt sich aus der Angst des Säuglings, wenn er die Mutter vermißt. Ursprünglich stellte dies eine reale Gefahr dar, denn »wenn die Mutter abwesend ist oder dem Kind ihre Liebe entzogen hat, ist es ja der Befriedigung seiner Bedürfnisse nicht mehr sicher...«[37]

Jedem Entwicklungsalter entspricht eine bestimmte Angstbedingung, so z. B. die Angst vor dem Objekt- und damit Liebesverlust der Unselbständigkeit der ersten Kinderjahre. »Mit dem Lauf der Entwicklung sollen die alten Angstbedingungen fallengelassen werden, da die ihnen entsprechenden Gefahrsituationen durch die Erstarkung des Ichs entwertet werden. Aber das ist nur in sehr unvollkommener Weise der Fall. Viele Menschen können die Angst vor dem Liebesverlust nicht überwinden; sie werden nie unabhängig genug von der Liebe anderer und setzen in diesem Punkt ihr infantiles Verhalten fort.«[38]

Der kindlichen Angst vor dem Liebesverlust der Mutter entspräche die Angst der Frau vor dem Rückzug des Partners, die sich, wie wir bereits beschrieben haben, auf ihre gesamte Sexualität auswirken. Dazu gehören die Ängste, den Mann zu enttäuschen, was zur Abwendung seines Interesses und dem Verlust seiner Zuneigung führen könnte. Viele Frauen unterwerfen sich den Bedürfnissen des Partners, nur um ihn nicht zu verlieren – oft ist ihnen das selbst nicht oder nur ansatzweise bewußt. Sie stehen unter dem Druck, einen Orgasmus zu bekommen, auch um dem Partner seine Männlichkeit zu beweisen. Denn das Ausbleiben des Orgasmus könnte, neben der Bedrohung des eigenen Selbstwertgefühles, die Gefahr des Partnerverlustets mit sich bringen. Phantasien, in denen sich die Frau unfreiwillig oder gedrängt auf Sexualität einläßt, könnten ein Weg sein, sich diesen Leistungsanforderungen zu entziehen. Sie befreien die Frau von den Ansprüchen des Mannes und dem inneren Zwang zum Orgasmus, der diesen meistens verhindert. Bei einer Vergewaltigung zum Beispiel erwartet der Mann nichts von der Frau, er kann praktisch nicht enttäuscht sein, da er nicht darauf hofft, daß die Frau eigene Lust hat oder aktiv sexuelle Wünsche ausdrückt. Einen anderen Hinweis auf diesen Erklärungsansatz bietet die Gesichtslosigkeit der ›Phantasiemänner‹, oft sind es völlig schemenhafte Gestalten, deren Verlust nicht bedrohen kann.

Ähnlich wie Freud für seine Zeit beschreibt, daß der Mann in unserer Kultur oft seine volle Befriedigung nur am erniedrigten Liebesobjekt finden kann, weil er sich nur dann zügellos seiner Lust hingeben kann, erlaubt die imaginierte Schöpfung gesichtsloser Fremdlinge, sich nur noch nach der eigenen Lust zu richten und damit alle Scham und Zurückhaltung endlich – wenn auch nur in der Phantasie – zu vergessen. In Anlehnung an Freuds Beschreibung männlicher Sexualität ließe sich für die weiblichen Phantasiegestaltungen sagen: ›Wo sie nicht lieben, können sie begehren‹.

Die Phantasien, so demütigend ihre Bilder auch sein mögen, werden damit zu einer Schonung für die Frau, in der sie befreit ist von Anstand, Anforderungen und Verlustängsten.

Noch steht die Frage offen, durch welchen Vorgang das Ich die Libido von der Realität auf die Phantasie umlenkt. Da bei einer ängstlichen Erwartungshaltung die libidinösen Strebungen aus dem Es mit früheren und meist auch aktuellen Gefahrensituationen verknüpft werden, muß das Ich versuchen, sie zu unterdrücken, aufzuheben oder ohnmächtig zu machen.

Das ist möglich, weil Strebungen des Es im Ich Angst auslösen. Dieses Angstpotential ermöglicht es dem Ich, tiefgreifende Veränderungen an der Triebregung vorzunehmen, indem es sie hemmt, umlenkt oder verdrängt. Die Angst vor der gesteigerten Lust und dem Kontrollverlust erklärt, warum häufig eine sexuelle Erregung im Zusammensein mit einem

Partner plötzlich gehemmt oder ab einer bestimmten Erregungsstufe unterbrochen wird, obwohl gleichzeitig der Wunsch nach gemeinsamer Sexualität besteht; erklärt auch, warum Onaniephantasien mit realistischen Wunschbildern viele Frauen nicht erregen.

Die blockierten Triebregungen können unterschiedlichste Auswirkungen im psychischen Apparat haben. Eine ist die libidinöse Besetzung von Phantasien: Das können einfache Abkömmlinge der ursprünglichen Vorstellung sein oder auch direkt entgegengesetzte. Ein Beispiel für letztere wären Miriams Eifersuchtsphantasien, die sie erregten und gleichzeitig ihrem Wunsch, daß ihr Freund sich *ihr* zuwendet, widersprachen. Diese verzerrten Phantasien stellen einen Kompromiß dar zwischen dem libidinösen Wunsch und den Gegenkräften und werden je nach Stärke der jeweiligen Strebung auch davon gekennzeichnet sein.

Insgesamt geben Freuds Ausführungen die detailliertesten und ausführlichsten Hinweise auf mögliche Zusammenhänge zwischen sexuellen Schwierigkeiten, Ängsten und sexuellen Phantasieinhalten und -funktionen. Doch fehlt darin eine Verbindung zur Rolle und gesellschaftlichen Stellung der Frau. Freud läßt außer acht, daß auch diese Strukturen, solche der patriarchalischen Realität, einen wesentlichen Einfluß auf die ›Freiräume‹ der Phantasie haben und vor allem die Notwendigkeit für Frauen bestimmen, sich in die Sicherheit und gleichzeitige Isolation der selbstgeschaffenen Schonungen zu flüchten.

Suche nach Anerkennung

Ein relativ neuer Ansatz zum Verständnis masochistischer Inszenierungen stammt von Christa Rohde-Dachser,[39] die mit den bisherigen Erklärungsmodellen nicht alle masochistischen Verhaltensmuster als hinreichend erklärt ansieht. Sie begreift die masochistische Phantasietätigkeit als kreativen Versuch des Ich, den psychischen Mangel auszugleichen, als Kind zu wenig Spiegelung erfahren zu haben. Der Schwerpunkt ihrer Interpretation liegt dabei auf der *dialogischen* Bedeutung, die den Phantasiebildern zukommt – sie sind an ein Gegenüber (den sadistischen Widerpart) gerichtet: im Wunsch und in der Hoffnung, von ihm gesehen und anerkannt zu werden.

Das Selbstbild eines Menschen formt sich aus der zwischenmenschlichen Interaktion, aus einem Kreislauf von Introjektionen, Projektionen und projektiven Identifizierungen. Zur Entwicklung seiner persönlichen Identität muß das Kind in seiner Gesamtheit gespiegelt werden, was sich in unserer Kultur gewöhnlich durch die Anwesenheit der Mutter vollzieht. Aufgrund ihrer Empathie, das heißt ihrer Fähigkeit, sich verstehend in das Kind einzufühlen und auf seine Äußerungen, Handlungen und Gefühle zu reagieren, gewährt sie ihm Anerkennung und Liebe. Vor diesem Hintergrund kann das Kind experimentierend seine Grenzen und die der Mutter erfahren, kann es beginnen, das Bild einer eigenständigen Person von sich zu entwerfen. Abgrenzung beinhaltet die Erkenntnis, daß die eigenen Handlungen und Intentionen Auswirkungen auf die Mutter haben und umgekehrt. Das Gelingen dieses Prozesses ist schwierig, denn es verlangt, den anderen gelten zu lassen, ohne sich selbst auszulöschen, wie auch sich selbst durchzusetzen, ohne den anderen zu vernichten. In unseren Gesprächen ist deutlich geworden, wie häufig dieser ›Dialog‹ zwischen Mutter und Tochter fehlgeschlagen ist. Gerade die schon von uns beschriebene Ideologie weiblicher Aggressionsfreiheit verführt viele Mütter dazu, ihre kleinen Töchter ausschließlich als rein und sanft wahrzunehmen und auf alle autonomen, aggressiven Regungen des Kindes mit Nichtbeachtung, Enttäuschung oder Mißfallen zu reagieren. Anerkennung erfährt das Mädchen nur unter der Bedingung ihrer völligen Willenlosigkeit, Weichheit und Nachgiebigkeit. Auch masochistische Phantasiebilder können Ausdruck einer von solchen Bedingungen geprägten Suche nach Liebe und Wertschätzung sein. Da viele Frauen die Beachtung eines Gegenübers nur auf dem Wege ihrer eigenen Auslieferung erringen konnten, übertragen sie diese Erfahrung auch auf ihre Suche nach Lust. Im Grunde setzen sie in den Phantasien ihre kindliche Leidensgeschichte erneut in Szene: die erlebte Übermacht der anderen, die eigene Hilflosigkeit und Ohnmacht, die zugefügten Behinderungen durch das Verbot, ein eigenständiger Mensch mit einem eigenen Willen zu werden. So wie sie für den Verzicht auf Selbstbehauptung und Durchsetzungskraft von der Mutter mit Aufmerksamkeit und Liebe ausgezeichnet wurden, werden sie in ihrer Imagination, um den Preis der Erniedrigung und Unterwerfung, mit höchster Lust belohnt – im orgastischen Höhepunkt hebt sich alles Leiden, wenn auch nur für einen kurzen, illusionären Moment, auf.

Schmerzvolle Lust und Ekstase

Die bislang vorgestellten Erklärungen der Phantasiebildung beschränken sich darauf, Phantasiegebrauch als Abwehr- und Schutzstrategie zu definieren; die vorgestellten Bilder helfen einerseits der unbefriedigenden und zum Teil beängstigenden sexuellen Realität zu entkommen, andererseits Ängste und (unbewußte) Schuldgefühle mit imaginierter Bestrafung oder vorgestelltem Zwang zu beschwichtigen. Dies entbindet frau der Auseinandersetzung und läßt sie in Situationen und Verhältnissen verharren, die ihren Sehnsüchten nur sehr unzulänglich gerecht werden. Zudem wendet sich der beschriebene Mechanismus in der Folge häufig noch gegen sie, da wiederum Betroffenheit und Scham über Inhalte der Phantasien wachsen und zunehmen.

Einige wenige Frauen in der *Sommeruni* wie auch unter unseren Gesprächspartnerinnen sahen noch eine andere ihren Phantasien innewohnende, nicht auf Abwehr und Verdrängung beruhende Kraft; sie verwiesen auf die Sehnsucht nach sexueller Ekstase und Leidenschaft, die in den Phantasien zum Ausdruck komme und die sie als ein Spiel mit der schmerzvollen Lust, dem lustvollen Schmerz beschrieben.

Zwei Aspekte sind benannt worden: zum einen ein deutliches Gefühl des Mangels infolge einer friedlich-unauffälligen, ›normalen‹ Sexualität; zum anderen die Frage, ob Aggression und Verwundung nicht auch wesentliche Elemente einer nach Grenzenlosigkeit strebenden Sexualität und Erotik sein können. Wir wollen diese beiden Momente zunächst gesondert betrachten.

Rausch und Ekstase, Wollust und entfesselte Begierde – mittlerweile zu bloßen Schlagwörtern verkommen auf der Suche nach etwas, das die alltägliche Monotonie, Leere und Einsamkeit durchbrechen und verwandeln, die entzauberte Welt aufs neue verzaubern könnte. Doch trotz der Abnutzungserscheinungen, die diesen Begriffen heute anhaften, liegt der Suche nach dem, was sie verkörpern mögen, eine sehr reale und tiefgreifende Erfahrung von Mangel zugrunde. Die entfremdete, hochtechnisierte Welt wirft das Individuum in die völlige Bedeutungslosigkeit zurück, läßt es fortwährend nurmehr seine Austauschbarkeit und Wertlosigkeit erleiden. Dieser Prozeß stellt das Verlangen nach Einzigartigkeit der eigenen Existenz beständig in Frage, es gilt, sich ihrer immerwährend zu versichern, sie unter Beweis zu stellen.

Sexualität als ein Teilaspekt existentieller Erfahrung kann von diesem Ringen um Anerkennung, Stabilität und Geborgenheit nicht unberührt bleiben: In Partnerschaften erfährt sie häufig ihre Reduzierung auf das Beziehungsmoment; das Bedürfnis nach Vertrautheit, Aufgehoben-Sein und Solidarität, nach Menschlichkeit, gesucht als Kompensation der Unmenschlichkeit der Arbeitswelt, ist so groß, daß sich viele Paare in eine Art geschwisterlicher Lebensbewältigungsgemeinschaft zurückziehen. Innerhalb einer nahezu symbiotischen Einheit aber finden tiefe Leidenschaften keinen Platz. So werden Begehren und Begierde zugunsten einer kameradschaftlichen Beziehung aus der sexuellen Begegnung ausgeklammert.

Ein weiterer Weg, sich der eigenen Existenz zu versichern, liegt in der Verdinglichung des Körpers; er wird zum Objekt ständiger Sorge und Besorgung im Kampf gegen Alter, Krankheit und Tod, verwirkt so aber seine Kraft, Quelle der Lust sein zu können. Dem »Exorzismus der Form und Hygiene«[40], im Body-building-Studio, Aerobic-Center, Schönheitssalon und Bräunungstempel gleichermaßen betrieben, kann sich die

Sexualität nicht entziehen – sie verkommt zu einem körperertüchtigenden Akt, mit der Konnotation von Gesundheit und dem Geruch von Fitness. Vom Lust- zum Leistungsinstrument umgeformt, verliert der Körper jene sinnlichen Qualitäten, die doch auf eben diesem Weg seiner Instandsetzung, Pflege und Ertüchtigung verbessert und maximiert werden sollten: das sehnsüchtig als Belohnung für all die Anstrengungen und Qualen erwartete erotische Glück bleibt aus.

Solche Umgangsformen mit sexuellem Erleben und Empfinden führen häufig zu einem unbestimmten, nicht selten mit Phrasen und Schlagwörtern angereicherten Gefühl des sexuellen Mangels.

Zum letzten Ort des Aufbegehrens gegen die Verstümmelungen sinnlicher und erotischer Möglichkeiten wird die Phantasie, deren kritische Funktion nach Herbert Marcuse in ihrer Weigerung liegt, zu vergessen, was sein könnte. In der Sehnsucht nach Verschwendung, Überschwang und Hingabe stehen die Phantasiebilder als Imagination nicht eingelöster Hoffnungen, als Ausdruck niedergeschlagener Wünsche. Sie greifen zurück auf kindliche sexuelle Befriedigungsmuster, in denen der Körper noch nicht bis auf die Genitalität desexualisiert wurde. Sie umfassen alle später zu Hilfsfunktionen reduzierten oralen, analen und urethralen Strebungen, die von Anbeginn an nicht nur liebevoll, sondern immer auch aggressiv sind. Das orale Beißen und Verschlingen, das anale und urethrale Zurückhalten und Loslassen wird vom Kind als lustvoll erlebt. Somit sind wir beim zweiten, fragend formulierten Aspekt angelangt: Ist Aggression oder Gewalt Kern aller sexuellen Äußerungen und notwendig mit Sexualität verknüpft? Wohnt der Schmerz jeder tiefen erotischen Erfahrung bei? Können gewaltvolle Elemente, die in weiblichen Sexualphantasien auftauchen, dann nicht auch die Wiederkehr verdrängter Lustanteile repräsentieren? Auf feministischer Seite ist es vor allem Barbara Sichtermann, die diese Fragen ganz vehement bejaht. Ihre Thesen wollen wir kurz darlegen:[41] Sexualität erschöpft sich nicht in einer schlichten Übereinstimmung der Körper, in einem Austausch von Bejahungen. In der Lust liegt ein Moment potentieller Verletzung, ein Moment von Gewaltsamkeit. Dies zeigt sich nicht im paraorgastischen Schmerz, der häufig die Lust*suche* begleitet, sondern im Orgasmus selbst – er verwundet und stellt das Bewußt-Sein der eigenen Identität in Frage, was sich in all seinen Umschreibungen: der kleine Tod, Sturz, Aufhebung der Ich-Grenzen, wiederfindet. Die sich hierin äußernde Bedrohung geht nicht primär vom Gegenüber aus, sondern entstammt dem eigenen Lustempfinden, welches sich nur im anderen spiegelt. Dies bedeutet auch, daß sich Schmerz nicht auf die Geschlechter verteilen läßt als männlicher Wunsch, zuzufügen, und als weiblicher, zu empfangen. Diese Zuordnung, darauf verweist Sichtermann deutlich, entstammt gesellschaftlichen Zuschreibungen, die in Paarungen wie weiblich/masochistisch, männlich/sadistisch münden.

Jenseits dieses Arrangements aber läßt sich das doppelte, doch ungespaltene Element der Schmerz-Lust betrachten als notwendig dem Orgasmus innewohnend, das wir zu suchen ›masochistisch‹ genug, und zuzufügen ›sadistisch‹ genug sein müssen.

Eine Sexualität, die nach den schmerz-/lustvollen Momenten von Rausch, Ekstase und Hingabe sucht, beinhaltet immer auch körperliche Entäußerung, das Aufs-Spiel-Setzen der eigenen Identität. Dort, wo dies als zu bedrohlich und gefahrvoll erlebt wird, erfolgt der Rückzug in die Welt der Phantasie. In ihr findet dann die Erfüllung und Einlösung des Bezeichneten statt, wobei sado-masochistische Bilder nur »bildliche Transporte« darstellen, »Metaphern für die in der ›normalen‹ Sexualität angelegten Bewegungen der Flucht und der Verfolgung, des Versteckens und der Entdeckung, des Verschwindens und des Erscheinens, der Empfindungen von Neugier und Angst, von Schmerz und Erlösung, von Täuschung und Überraschung. Alle diese Bewegungen und Empfindungen konstituieren ein Ritual, ein Spiel, . . .: einen Tanz, an dessen Gesetze der Vollzug von Sexualität gebunden ist.«[42]

Sichtermann verweist auch darauf, daß die Sprache der Phantasie nicht wörtlich zu nehmen ist. Da Phantasie eher ein Kind des Es denn bewußter psychischer Prozesse ist, treten die

Gesetze der Logik außer Kraft: Begriffe können ihr Gegenteil meinen, Subjekt und Objekt, die Sehnsucht und ihr Ziel vertauscht sein. So sind z. B. Vergewaltigungsphantasien nicht zu lesen wie eine Zeitungsannonce, sondern die beschriebene Gewalttätigkeit kann verstanden werden als eine Chiffre für die Gewalt des sexuellen Verlangens der phantasierenden Frau. In Ermangelung besserer Vorbilder übersetzt sie das Ausmaß der Kraft ihrer Wünsche in ein landläufiges Klischee, das ihrer Begierde Ausdruck verleihen soll.

Kritik erfährt Barbara Sichtermanns Darstellung einer grenzüberschreitenden Erotik vor allem von Vertreterinnen einer eher politisch-soziologisch orientierten Denkweise. So ordnet Ulrike Heider Barbara Sichtermanns Überlegungen konservativen Ideologien zu, die Sexualität grundsätzlich als gewalt- und schmerzvoll deklarieren und darüber hinaus häufig mit Selbstaufgabe und Liebestod kokettieren.[43] (Hinsichtlich der beiden letzten Kritikpunkte bezieht sie sich vor allem auf Bataille und Baudrillard; als bekanntes filmisches Beispiel führt sie Oshimas *Im Reich der Sinne* an.) Im Bekenntnis zur ekstatischen Lust sieht sie die alte Leidens- und Todesverliebtheit sowie Schmerzverherrlichung irrationalistischer Strömungen und Philosophien neu erstarken.

Wir wollen an dieser Stelle nicht Heiders gesamte Ausführungen zu diesem Thema einer kritischen Reflexion unterziehen, wir beschränken uns auf den für uns interessantesten Punkt der Kritik an Barbara Sichtermann. Auffällig war uns Ulrike Heiders Undifferenziertheit: Immer wieder unterstellt sie, daß Barbara Sichtermanns erotische Vorstellungen von Lust nur unter der Bedingung von Schmerz oder der Inszenierung von Gewalt und Schrecken zulasse, sie also in den traditionellen Rastern von männlicher Dominanz und weiblicher Unterwürfigkeit gefangen bliebe. Wir fürchten dagegen, daß Ulrike Heider der Sexualität alle transzendentalen und auch rebellischen Elemente abspricht und sie auf die Form eines partnerschaftlichen Zusammenseins reduziert. Daß dies weniger als die Hälfte der Wahrheit ist, hat schon Freud erkannt: »Die Gesellschaft muß es nämlich unter ihre wichtigsten Erziehungsaufgaben aufnehmen, den Sexualtrieb..., zu bändigen, einzuschränken, einem individuellen Willen zu unterwerfen, der mit dem sozialen Geheiß identisch ist. ..., denn mit dem vollen Durchbruch des Sexualtriebes findet auch die Erziehbarkeit praktisch ein Ende. Der Trieb würde sonst über alle Dämme brechen und das mühsam errichtete Werk der Kultur hinwegschwemmen.«[44]

Freud betont das Aufständische des Sexualtriebes, das diesen in Widerspruch zu den gesellschaftlichen Anforderungen und Beschränkungen stellt. Ein solches Aufbegehren im Verlangen nach einer alle Tabus und Regeln brechenden Erotik aber muß in einer entfremdeten Gesellschaft entfremdete Formen annehmen. Unsere Kultur ist gekennzeichnet durch Rationalität und Individualismus und den immer spürbarer werdenden Mangel an Zuwendung und Anerkennung. Die Überbetonung der Individualität, eine Folge der Anstrengung sich ihrer – gegen die Gesellschaft – beständig versichern zu müssen, erzeugt starre Grenzen zwischen dem Selbst und den anderen, erzeugt ein Gefühl von Isolation und Unwirklichkeit. Gewalt erscheint als ein Mittel, das hieraus erwachsende Einsamkeitsgefühl zu durchbrechen.[45]

Die Problematik der Abgrenzung, die sich in dem Spannungsverhältnis zwischen Selbstbehauptung und Selbstaufgabe ausdrückt, haben wir bereits beschrieben; ebenso die Konsequenzen, die ein Mißlingen dieses Prozesses für das (sexuelle) Erleben des Individuums haben kann. Ist es einem Menschen aufgrund seiner frühkindlichen Erfahrungen nicht möglich, zwischen den Extremen völliger Dominanz und absoluter Unterwerfung situationsangepaßt zu reagieren, kann diese Beschränkung auch in der Sexualität nicht aufgegeben werden – ein Phänomen, das das sado-masochistische Verhältnis bestimmt: Der sadistische Part bewahrt die Grenzen, übt Kontrolle aus, der masochistische läßt die seinen durchbrechen und den anderen über sich verfügen. Jessica Benjamin verdeutlicht dieses Beziehungsmuster ausführlich an Hand der *Geschichte der O.*[46]

Wir sind der Überzeugung, daß aller Sexualität in unserem

Kulturkreis gewaltvolle Elemente innewohnen müssen. Für Bataille ist das zentrale Thema der Erotik die Aufrechterhaltung der Spannung zwischen Leben und Tod des Selbst, wobei der eine Pol für die Bewahrung der eigenen Grenzen steht, der andere für deren völlige Aufgabe. Der Weg zu diesem wie zu jenem beinhaltet immer auch schmerzhafte Prozesse, die unter den gesellschaftlichen Anforderungen nach ausgeprägter Individualität besonders gewaltsame Charaktere annehmen müssen – denn die Spannung zwischen beiden Polen wird zum unversöhnlichen Gegensatz von Unabhängigkeit und Abhängigkeit.

»Je starrer und undurchdringlicher die Grenzen zwischen den Individuen sind und je mehr Verantwortung der einzelne dafür trägt, sie aufrechtzuerhalten, desto größer wird die Gefahr ihres Zusammenbrechens. Wenn das Gefühl der Abgegrenztheit auf äußerer, physischer Getrenntheit beruht, wird sexuelle physische Gewalt (und sei es in der Phantasie) als eine Möglichkeit erlebt, diese Grenze zu durchbrechen. Die Phantasie eröffnet, ebenso wie das spielerische Ausagieren rationaler Gewalt, eine kontrollierte Form des Aus-sich-heraus-Gehens, eine Ahnung der eigentlichen Befriedigung. Vielleicht sind sadomasochistische Vorstellungen und Darstellungen deshalb so weit verbreitet, weil sie diese Verheißung der Entgrenzung beinhalten, nicht aber deren beängstigende Realisierung.«[47]

Mit Jessica Benjamin sind wir der Meinung, daß sich die Macht der Phantasie nur aus dem »Wechselspiel mächtiger gesellschaftlicher Kräfte und fundamentaler menschlicher Bedürfnisse« erklären läßt.[48] Die auf feministischer Seite stattfindende Polarisierung in Befürworterinnen und Gegenerinnen der Verbreitung und Billigung erotischer Gewalt zeugt in unseren Augen von einem fehlenden Verständnis dafür, daß sich hinter diesem Phänomen psychische Behinderungen ebenso verbergen wie Sehnsüchte und Hoffnungen. Nur indem wir uns, ohne falschen Moralismus, fragen, warum masochistische Phantasien weibliche Vorstellungswelt in einem so hohen Grad beherrschen, wird es möglich, nach anderen, vielleicht ›glücklicheren‹ Wegen sexueller Erfüllung zu suchen.

Anmerkungen

1 Elisabeth Gugl, Sexualität und Identität der Frau, Gießen 1976, S. 22.
2 Wilhelm Reich, Charakteranalyse, Ffm 1976.
3 Die gute Ehe, Bertelsmann 1959, in: Kalter Krieg und Capri-Sonne, Berlin 1981, S. 279.
4 Ursula von Mangoldt, Auftrag der Frau, München 1955, S. 43.
5 Ebd., S. 49.
6 Ebd., S. 74.
7 Margarete Mitscherlich, Die friedfertige Frau, Ffm 1985, S. 144.
8 Ursula von Mangoldt, a. a. O., S. 96.
9 Anneliese Heigl-Evers und Brigitte Weidenhammer, Der sogenannte ›feminine Masochismus‹ und die masochistische Bewältigung von Bedrohungsreizen, in: Form der Psychoanalyse, 3/1987, S. 193.
10 J., Die sinnliche Frau, Hamburg 1970, S. 16.
11 Ebd., S. 18.
12 Ebd., S. 35.
14 Ebd., S. 61.
15 Carol Hagemann-White, Frauenbewegung und Psychoanalyse, Ffm 1979.
16 Margarete Mitscherlich, Sind Frauen masochistisch? in: EMMA, 9/1977, S. 13.
17 Robin Morgan, Lust an der Erniedrigung, in: EMMA, 9/1977, S. 9–11.
18 a. a. O., S. 11.
19 Sigmund Freud, Vorlesungen zur Einführung in die Psychoanalyse, in: Studienausgabe Band I, Ffm 1969, S. 362.
20 Sigmund Freud, zit. nach J. Laplanche/J.-B. Pontalis, Das Vokabular der Psychoanalyse, Ffm 1986, S. 238.
21 Sigmund Freud, Vorlesungen…, a. a. O., S. 295.
22 Sigmund Freud, a. a. O., S. 298.
23 Jean Laplanche, J.-B. Pontalis, Das Vokabular der Psychoanalyse, Ffm 1986, S. 148.
24 Sigmund Freud, zit. nach J. Laplanche, J.-B. Pontalis, a. a. O., S. 221.
25 Leon Wurmser, Das Problem der Scham, in: Jahrbuch der Psychoanalyse 13, 1981, S. 29.
26 Ebd., S. 12.
27 Ebd., S. 15.
28 Ebd., S. 17.
29 Sigmund Freud, Das Unbehagen in der Kultur, in: Studienausgabe Band IX, Ffm 1982, S. 261.
30 Wilhelm Reich, a. a. O., S. 290.
31 Ebd., S. 291.
32 Ebd., S. 248.
33 Ebd., S. 249.
34 Sigmund Freud, Über die allgemeinste Erniedrigung des Liebeslebens, in: Studienausgabe Band V, S. 206.
35 Wilhelm Reich, a. a. O., S. 247.

36 Sigmund Freud, Neue Folge der Vorlesungen, in: Studienausgabe Band I, Ffm 1969, S. 520.

37 Ebd., S. 522.

38 Ebd., S. 523.

39 Christa Rohde-Dachser, Ringen um Empathie, in: Forum der Psychoanalyse, 2/1986, S. 44–58.

40 Jean Baudrillard, Die Rituale der Durchsichtigkeit, in: Konkret Sonderband Sexualität, 1985, S. 75.

41 Barbara Sichtermann, Weiblichkeit, Berlin 1985, S. 35–43.

42 Ebd., S. 36.

43 Ulrike Heider, Sadomasochismus – Eine romantische Liebe, in: Sadomasochisten, Keusche und Romantiker, Hamburg 1986, S. 15–37.

44 Sigmund Freud, Vorlesungen..., a.a.O., S. 308.

45 Jessica Benjamin, a.a.O., S. 112 f.

46 Ebd.

47 Ebd., S. 113.

Frauen in der Wissenschaft

Sammlung Luchterhand

Esther Fischer-Homberger
Krankheit Frau
Zur Geschichte der Einbildung
Mit zahlreichen Abbildungen.
SL 498
Am Beispiel der Geschichte der Frau
lassen sich historische Mechanismen besonders anschaulich zeigen.
Wie gewöhnlich sind sie vom Selbstverständnis und Vorstellungsvermö-
gen der Männer geprägt und sitzen
oft über Jahrhunderte in den Köpfen fest. Auch die Frau als Geschöpf
der männlichen Einbildungskraft,
als Geschöpf der Ängste kann nur
ein Monstrum sein. Obwohl es dem
Wesen Mann nicht unähnlich
scheint, ist es von seiner Vollkom-
menheit weit entfernt. Es hält den
Vergleich nicht aus. Es ist der Autorin gelungen, ein Bild jener Weiblichkeit zu geben, die vom Vorstel-
lungsvermögen der Männerwelt ge-
schaffen wurde. Als Hauptthemen
seien hier genannt: Psychische
Schwäche und Krankheit als Nor-
malzustand der Frau, Bedeutung
der Hebammen, Beziehungsge-
schichte von Herr und Weib, Geschichte der Gynäkologie und Ge-
burtshilfe.

»In welchem Ausmaß diese jahrhun-
dertelang tradierten Mythen und
Vorurteilsstrukturen in den Rollenanforderungen an Männer und
Frauen bis heute konserviert
wurden, wie sehr sie weitgehend – selbst in verändertem ideo-
logischen oder wissenschaftlichem
Gewand – noch als Verhaltensmaß-
stäbe gelten, dürfte jedem Leser der
Krankheit Frau deutlich werden. Das
Buch ist nicht nur denen zu empfeh-
len, die die historischen Wurzeln
unterdrückter Weiblichkeit auf-
zuspüren versuchen, sondern auch
jenen, die der Emanzipation des
Mannes eine Chance geben wollen.«
Franziska Lamott, München

Esther Fischer-Homberger
Medizin vor Gericht
Zur Sozialgeschichte der
Gerichtsmedizin
Mit Fallbeispielen, zusammengestellt von Cécile Ernst, und zahlreichen Abbildungen. SL 797
Die gerichtliche Medizin repräsen-
tiert eine Medizin, deren Wissen
und Können im Dienst der Öffentlichkeit steht. Wenn der Gerichtsme-
diziner Fragen beantwortet, stellt er
nicht nur sein Wissen zu Verfügung:
er muß sich gleichzeitig der sozialen
Bedeutung seiner wissenschaftlichen
Antworten bewußt sein – oder sollte
es wenigstens sein.

Esther Fischer-Homberger legt mit
diesem Band die erste zusammenfas-
sende Geschichte des medizinischen
Nachdenkens über gesellschaftliche
und soziale Ordnung vor. An siebzig
Fallbeispielen untersucht sie die Entwicklung der Gerichtsmedizin und
zeigt, wie tief Theorien in den Alltag
und in persönliche Schicksale ein-
greifen.

Frauen in der Wissenschaft

Sammlung Luchterhand

Renate Feyl
Der lautlose Aufbruch
Frauen in der Wissenschaft
SL 465

Die Geschichte der Emanzipation der Frau wird langsam aufgearbeitet. Was bislang fehlte, war eine Darstellung ihrer Rolle in der Wissenschaft, dem wohl am strengsten gehüteten Revier männlichen Ausschließlichkeitswahns.

In elf essayistischen Porträts, von der Biologin Maria Sibylla Merian (1647–1717) bis zu Lise Meitner (1878–1968), hat Renate Feyl den Weg der Frauen in die Wissenschaft, »durch ein Dickicht von Intoleranz und Mißachtung, Beschränkung und Spott«, nachgezeichnet.

»Mit dem Wissen, das für historische Romane ausreichend wäre, schreibt Renate Feyl ihre Essays. Scharfsinnig, aufrüttelnd, elegant.« *Irmtraud Morgner*

Helga Königsdorf
Respektloser Umgang
Erzählung. SL 736

Die Autorin, selbst Naturwissenschaftlerin, läßt sich auf eine tiefgreifende Auseinandersetzung mit der Atomphysikerin Lise Meitner ein. »Die Auseinandersetzung gilt der Wissenschaftlerin, der Frau und Jüdin, die sich vollkommen integriert in die konkurrierende Männerwelt am Kaiser-Wilhelm-Institut in Dahlem, die weibliche Ausnahmeerscheinung, die um ihre Lebensleistung betrogen wird . . . Die Gestalt der Lise Meitner ist am Ende nicht nur ein Beweisstück gegen einen kurzschlüssigen Feminismus, sondern die Figur einer mißglückten Wissenschaftsgeschichte der Wissenschaften und eines gescheiterten Lebens mit der Wissenschaft.« *Frankfurter Rundschau*

Neue Frauen, neue Männer

Sammlung Luchterhand

Zeugungsangst und Zeugungslust
Gespräche mit Männern über
Fruchtbarkeit und Vaterschaft
Aufgezeichnet und kommentiert
von Bärbel Döring und Brigitta Kreß
SL 629. Originalausgabe
Die Vorgeschichte des Vater-Wer-
dens, Wünsche und Ängste der
Männer, ihr Verhältnis zum eigenen
Körper und zu dem der Frauen, zu
deren Fähigkeit, Kinder zu empfangen und auszutragen, zu der Macht,
die Frauen damit erwächst – das
sind wunde Punkte in der Diskussion über ›neue Väter‹. In eindrucks-
vollen Erzählungen geben hier Männer Auskunft über Zeugungsangst
und Zeugungslust, aber auch über
die Gründe dafür, warum dieses
Thema bislang keines war.

Berührungen
Gespräche über Sexualität und
Lebensgeschichte
Aufgezeichnet und begleitet von
Irmgard Hülsemann
SL 517. Originalausgabe
Die Bedeutung von Berührungen
bleibt für unser weiteres Leben wesentlich. Beziehungs- und Berührungsängste bleiben auch im sexuellen Erleben nicht ohne Folgen und
zeigen sich in Unlust, Anstrengung,
Abwehr. In den hier geführten Gesprächen mit Männern und Frauen
im Alter von 29 bis 58 Jahren, treten
auch die charakteristischen
Schwierigkeiten zwischen den

Geschlechtern unmittelbar hervor.
Frauen und Männer sprechen nicht
die gleiche Sprache, das gegenseitige
Verständnis wird dadurch nicht nur
erschwert, sondern mitunter gänz-
lich verhindert. Aber auch Situationen voller Heiterkeit und Komik
entstehen. Für viele ist es das erste
Mal, daß sie zusammenhängend
und in einem größeren Kreis über
ihre Sexualität, ihre Geschichte und
ihre Liebe sprechen.

Ursula Krechel
**Selbsterfahrung und Fremd-
bestimmung**
Bericht aus der Neuen Frauenbewegung
SL 428. Originalausgabe
Keine Herrschaft von Menschen
über Menschen war jemals so erbar-
mungslos und dauert schon so
lange, wie die des Mannes über die
Frau. Das ist weder ›natürlich‹,
noch war es das jemals. Es ist für
die vielen Frauen geschrieben, die
sich ihrer herkömmlichen Rolle erst
bewußt werden und an ihr zu zwei-
feln beginnen, – und für die vielen,
die in der Frauenbewegung arbeiten. Selbsterfahrung und Selbst-
kritik in der Frauenbewegung: hier
finden sie ihre erste umfassende
Formulierung.

Von Frauen über Frauen

Sammlung Luchterhand

Giuliana Pistoso
Erinnerungen einer
kleinen Italienerin
Mädchenjahre unter Mussolini
SL 661
»Dieses romanhaft-wahre Buch
wird von einem rebellischen Humor
getragen, der unverfroren die Fami-
lien- und Geschichtsmythen ent-
weiht: Wir haben es mit einer unter-
haltsamen Lebensgeschichte zu tun.
Das Buch ist einzigartig im Tonfall.
Und es gibt etwas Neues, bisher Un-
bekanntes preis: Versäumnisse, Fru-
strationen, Verspätungen auf der
Ebene der Gefühle, der Sexualität
und der kulturellen Entwicklung
einer jungen Frau in einer Zeit der
Politisierung des Privaten.«
Corriere della Sera

Maxie Wander
»Guten Morgen, du Schöne«
Frauen in der DDR. SL 289
1978 zum erstenmal erschienen, ist
Maxie Wanders Protokollsammlung
in kurzer Zeit ein Bestseller
der Frauenliteratur geworden – und
ist es bis heute geblieben. Ein Buch
von Frauen über Frauen.
»Ganze Passagen von Maxie Wanders Interview-Buch gehören zur
wichtigsten Literatur, die ich in den
letzten Jahren gelesen habe . . .
Maxie Wander hat die Arbeit unter-
nommen, auch scheinbar unwichtige
Details zu notieren. Dabei hat
sie ein Buch von gewaltigem

Materialwert (im besten Sinn) her-
gestellt, ein Buch ohne Koketterie
mit den angeblich ›kleinen Leuten‹,
ein Buch, das mir die Schwächen
meiner Arbeit deutlicher macht als
manche Kritik.«
Thomas Brasch, Der Spiegel

Helga Schubert
Anna kann Deutsch
Geschichten von Frauen
SL 557. Originalausgabe
Helga Schuberts bevorzugtes Thema
sind Frauen. Doch »die Larmoyanz
mancher sogenannter ›Frauenlitera-
tur‹, geht ihr völlig ab« *(Deutsche
Welle)*. Die Lebensgeschichten, die
sie mit unnachahmlicher, treffender
Lakonie erzählt, machen oft lachen
– und immer nachdenklich.
»Da wird nichts verschlüsselt,
durch literarischen Aufputz ver-
schönt. Mit wenigen charakteristi-
schen Details erfaßt Helga Schubert
Menschen . . . Sie ist eine Frau, die
sich in verbotene Zimmer wagt und
Türen aufstößt, auch für den Leser.
Mutig, lebensklug.« *DIE TAT*

Frauen in der Welt

Sammlung Luchterhand

Helga Bertram
Der lange Marsch zum Himmelreich
Chinesische Frauen erzählen
SL 788. Originalausgabe
»Frauen, Euch gehört die Hälfte
des Himmels«, hatte Mao Tse-tung
den Frauen zugerufen und ihnen in
der Verfassung die gleichen Rechte
wie den Männern gegeben. Wie nun
sieht heute, nach fast 40 Jahren Leben im realen Sozialismus, der Alltag der Frauen in China aus? Helga
Bertram, Journalistin in Peking, läßt
Frauen unterschiedlicher Altersstu-
fen und sozialer Schichten zu Wort
kommen.

Der Harem ist nicht die Welt
Elf Berichte aus dem Leben
marokkanischer Frauen
Gesammelt und eingeleitet von
Fatima Mernissi. Aus dem Französi-
schen von Edgar Peinelt.
SL 789. Deutsche Erstausgabe
»Welches Bild von Marokko werden die Frauen zeichnen? Werden
sie die vertraute Welt beschreiben,
wie wir sie aus den Reden der Männer kennen? Fatima Mernissi legt
uns aus ihren rund 100 Interviews
eine Auswahl von elf Lebensbe-
schreibungen vor, die sowohl von
den Zeiten der Abgeschiedenheit
als auch von dem heutigen Alltag
der marokkanischen Frauen erzählen.

Mario Tobino
Die freien Frauen von Magliano
Aus dem Italienischen von
Charlotte Birnbaum. SL 792
In kurzen, tagebuchartigen Auf-
zeichnungen beschreibt ein junger
Arzt, der die Frauenabteilung von
›Magliano‹ betreut, zugleich der
Name des Dorfes in dem das Irren-
haus der Provinz Lucca steht, das
eingeschlossene Leben der Frauen.
In Tobinos eindringlichen poeti-
schen Porträts erfahren diese ›freien
Frauen‹ eine Individualität und
Würde, wie sie im alltäglichen Le-
ben der Psychiatrie nicht wahrge-
nommen werden.

Natalja Baranskaja
Das Ende der Welt
Erzählungen von Frauen. SL 581
Die russische Autorin Natalja
Baranskaja wurde mit ihrer Prosa
zur sensiblen Historiographin weiblichen Seins in unserer Zeit, in
einem Land, das dem unseren, wie
sich zeigt, näher ist, als wir erwarte-
ten. Frauen, junge und alte, Mädchen und Greisinnen – Frauen jeden
Alters und verschiedenster sozialer
Herkunft sind die Hauptpersonen
und der stete Bezugspunkt ihrer ein-
fühlsamen Erzählungen.

Mütter und Töchter

Sammlung Luchterhand

Svende Merian
Mutterkreuz
Eine Novelle. SL 484
Gehören Emanzipation und Kinder-
erziehung zusammen? Kann eine
Frau sich erst im Kind verwirklichen? Gehört deshalb die Zukunft
den Töchtern? Svende Merian erzählt die Geschichte der 26jährigen
Malke, die in einem Krankenhaus
auf der Frauenstation liegt und sich
an die Freundin Inka erinnert, mit
der zusammen sie Ansichten über
Kinderkriegen und Mutterglück auf
Tonband sammelte. Die üblichen
Bekenntnisse zum Glück, das sich
jeder wünscht, lassen aber alle Fragen offen. Eher aus Trotz ledig und
kinderlos entschließt sich Malke
zur Sterilisation. Auch das ist keine
Antwort, aber eine Entscheidung
und so oder so ein außerordentli-
ches Ereignis: »Und wenn Sie nun
doch noch einen Mann kennenler-
nen, der ein Kind von Ihnen haben
möchte?«

Rahel Hutmacher
Tochter
SL 779
In 48 knappen Abschnitten fächert
sich die ständig wechselnde Problematik wohl jeder Tochter-Mutter-
Beziehung von der Geburt des Kindes bis zu seiner Ablösung, bis zur
Selbständigwerdung auf.
        »Sie wird dich lieben, wann
        sie will, weswegen sie will. Sie
wird dich hassen und dir nicht sagen
warum. Sie wird dir nachts Geschenke bringen: wenn du schläfst
und sie nicht mehr erwartest. Sie
wird gekränkt sein, wenn du ihr dafür dankst. Wenn du ihr nicht
dankst, wird sie gekränkt sein und
sieben Jahre nicht mehr kommen.
Womit kann ich sie anbinden. Du
kannst sie nicht anbinden. Immerzu
wird sie von dir weggehen und alles
liegenlassen, was du vor ihr auf-
häufst, das süße Essen, die sieben
Gaben, die neuen Schuh.«

Neue Literatur

im Luchterhand Literaturverlag

Marianne Herzog
Suche
ca. 220 Seiten. Gebunden
»Gehen können oder flüchten
müssen. Dieser Unterschied kann
ein Leben verkehren«, schreibt
Marianne Herzog in ihrer biogra-
fischen Selbstnotiz.
»Meine Brandmale sind Trennun-
gen.« Der schmerzlichsten von allen
geht sie jetzt nach. Sie sucht ihren
Sohn, der, seit er zwei Jahre alt ist,
bei Adoptiveltern lebt. Nur in wenigen erinnernden Erzählstücken gibt
sie, verletzlich, ohne Larmoyanz,
etwas preis von der Härte ihres gemeinsamen früheren Lebens. Keine
Anklage, keine Entschuldigung.
Auskünfte von gewollter Kargheit,
die sich gerade dadurch für immer
einprägen.
Sie stößt bei ihrer Suche auf Mauern, bei den Behörden, bei den
Adoptiveltern, bei den eigenen Leuten daheim.
Marianne Herzog hat die Suche
nicht aufgegeben. Sie ist sich dabei
selbst auf der Spur. Brockenweise
trägt sie Spuren zusammen. Lange
Zeit hatte sie einen Zusammenhang
zwischen der Teilung des Landes
und der Trennung von ihrem Sohn
gesehen. Im letzten Teil ihrer Arbeit
entdeckt sie einen Zusammenhang,
der tiefer in die deutsche Vergangenheit zurückgeht.

Anja Tuckermann
Mooskopf
Erzählung
ca. 110 Seiten. Englische Broschur
Was ist das, eine Vergewaltigung?
Ein gewöhnlicher Zwischenfall,
und manchmal steht's in der Zei-
tung? Etwas, das immer nur anderen passiert? Anja Tuckermann, in
Westberlin lebende Autorin Jahr-
gang 1961, erzählt in ihrem ersten
Buch von der Anstrengung einer
jungen Frau, nach einer Vergewaltigung Ekel und Angst zu überstehen
und – mit Wut und Verachtung –
zu begreifen, was ihr geschehen ist:
Sie fühlt sich nicht als Opfer, sie ist
in ihrer Würde verletzt. Anja Tuckermann, die 1987 das Alfred Döblin-
Stipendium erhielt, erzählt die Geschichte mit ungewohnter Deutlich-
keit, rüde »in direkt kindlicher
Unbeschwertheit« und mit bösem
Witz.

Anna Rheinsberg

im Luchterhand Literaturverlag

Bubikopf
Aufbruch in den Zwanzigern
Texte von Frauen
Gesammelt von Anna Rheinsberg
SL 753. Originalausgabe
»Seit kurzem gibt es einen neuen
Typ Schriftstellerin, der mir für den
Augenblick der aussichtsreichste
scheint: Sie bekennt nicht, sie
schreibt sich nicht die Seele aus dem
Leib, ihr eigenes Schicksal steht still
beiseite, die Frau berichtet, anstatt
zu beichten.« *Erika Mann*

Marthe und Ruth
Erzählung. 112 Seiten. Geb.
Marthe und Ruth – ihre Geschichte
ist eine von Mutter und Tochter, die
nicht Mutter und Tochter sind:
Marthe, die Frau, hat Ruth, das
Kind, von einer Freundin übernom-
men, an Kindes Statt.
Zwischen Marthe und Ruth ent-
spinnt sich eine Geschichte aus
Sehnsucht und Herrschsucht.
Die Geschichte von Marthe und
Ruth spielt im Vorkrieg, in Berlin-
Frohnau in den späten dreißiger
Jahren. Verfolgung und drohender
Krieg; das bildet den Hintergrund,
den beide Frauen nur undeutlich
wahrnehmen, während sie um
Liebe kämpfen.

HerzLos. Kerlsgeschichten
120 Seiten. Engl. Broschur
Kerlsgeschichten: Mit scharf gespitz-
tem Stift, in knappen, sehr poetischen
Stenogrammen porträtiert Anna
Rheinsberg diesmal Männer. Sie
registriert die Geschichten, die
Männer von sich entwerfen: mit
ihren Gesten und Blicken, mit ihrem
Gehabe und ihren Taten, in ihrem
Begehren und ihrer Sehnsucht.
Liebesgeschichten? Aber die Liebe
ist keine rosa Brille, und friedfertig
geht es nicht zu zwischen den
Geschlechtern. Denn die Männer
hängen an ihren Geschichten, und
sie wollen partout andere, auch die
Frauen darein verwickeln. Raum
für Entwicklung bleibt da nicht.

L